INCOME GAIN

プロも驚きの
安定・高利回り!

海外ETFとREITで始めるインカムゲイン投資の教科書

EXCHANGE TRADED FUND AND REAL ESTATE INVESTMENT TRUST

コアプラス・アンド・アーキテクチャーズ 代表
玉川陽介
YOSUKE TAMAGAWA

日本実業出版社

はじめに

本書は、株やFXの世界でキャピタルゲイン（値上がり益）を得るために勝負するのはリスクが大きいと考え、長期的に安定した、高い配当収入を得られる方法を探している個人投資家に向けたインカムゲイン投資の入門書です。インカムゲインとは、配当や分配金による利益のことをいいます。

私は、学生時代から投資をはじめ、いまでは債券や不動産など、毎月、安定した収益を得られる資産を運用することにより生計を立てています。

現在の運用法に至るまでには、世界の株式、FX、デリバティブ、プライベートバンク、ヘッジファンドから航空機投資に至るまで、世界中に存在する、ほぼすべての種類ともいえる多様な投資を経験してきました。

いままで行ってきた投資の中には、投資額の十数倍という利益を上げるものもありましたが、わずか1週間のあいだに数千万円単位の損失を出すこともあり、安定しないものでした。

そのため、毎月の収入がいくらになるのかも確定せず、安心してお金を使う気分にはなれませんでした。

私の場合、手元の資金を何倍にも増やすことよりも、月々の生活費や老後資金が安定して得られることを投資の目的と考えていたため、このように不安定で元本毀損リスクの高い運用法は向いていなかったのでしょう。

その後は考え方を変え、勝負に勝つことよりも、できるかぎり勝負を避け、安定した利回りを得られる方法を探るようになりました。

しかし、損失を恐れて安全な投資ばかりを選んでしまうと、利回りはおのずと低いものとなり、投資の収益で生活していくことはできません。

安定・高利回りという相反するテーマを両立するためには多くの知恵を出すことが必要でした。

そして、私自身が15年を越える試行錯誤の中でたどり着いたのが、本書でおもに解説している、インカムゲインを目的とする長期投資です。

これは、資金の少ない人でも実践できる運用法ですので、私以外にも、投資をギャンブルにしたくないと考えている、すべての人におすすめできるものです。

さて、このような安定した高配当を払い出す金融商品には、債券、高金利通貨、不動産などたくさんの種類を見つけることができます。

さらに、世界の市場を見渡せば、金融の天才たちがその英知を結集してつくり上げた、特別な構造をもつ高利回り商品もあり、これらには一見の価値があることと思います。

本書では、このような海外の金融市場に上場する商品も含め、長期投資をより安全で実りあるものにする方法を案内しています。

さらに、本書では、投資法の紹介だけにとどまらず、債券、為替、不動産などの各投資対象が収益を生み出す仕組みの解説にも力を入れました。

投資商品を理解することは、その商品に内在するリスクと手数料を理解することにつながります。

インカムゲイン投資は長期投資です。長い付き合いになる投資商品の中身をしっかり理解することは、負けない投資をはじめるための第一歩だといえるでしょう。

そして、投資商品の仕組みを理解できたら、世界経済と金融市場の動向にも興味をもってみましょう。

インカムゲイン商品は世界の経済環境に大きく影響を受ける投資対象ですので、世界経済の移り変わりは、投資対象の利回りにも大きな影響をあたえるためです。


本書では、インカムゲイン投資に大きな影響をあたえる現在の市場テーマを理解するため「第1部　10分でわかる！ サブプライム危機から米国緩和縮小までの流れ」として、量的緩和と米国利上げ、そして、それを理解するのに必要な基礎知識を解説しています。

次に「第2部　債券」では、個人でもＥＴＦを通じて気軽に投資することのできる債券の世界を解説しています。また、債券と金利の関係は投資商品としてのみならず、長期投資全般を理解するのにかならず必要な知識ですので、ぜひマスターしてみましょう。

「第３部　為替」では、為替市場を理解するために必要な知識、為替と関連した金融商品とその構造を紹介しています。

「第４部　ＲＥＩＴ（不動産投資信託）」は、インカムゲインとキャピタルゲインの両方に期待できるハイブリッドな投資対象です。国内外のＲＥＩＴの評価方法を解説しています。

最後に「第５部　海外証券口座」として、本書で解説した投資商品を実際に購入、運用するのに必要な、海外証券口座の基本的な使い方を説明しています。

ぜひ、みなさんも、本書を参考に、安心・安全で高利回りの長期分散投資を実践してみてください！

２０１４年9月吉日

玉川　陽介

《目次》

序章

安定・高利回りは正しい知識から

第1部

10分でわかる！ サブプライム危機から米国緩和縮小までの流れ

Chapter 1

世界的な量的緩和とこれからの経済

第2部 債券

Chapter 2 債券ＥＴＦで少資金でも安定・高利回りの長期投資を実現

Chapter 3

債券へ投資するファンドの秘密

第3部

為替

Chapter 4

すべての投資に影響を与える「為替」のルール

Chapter 5

ＦＸ取引の秘密

第4部 ＲＥＩＴ（不動産投資信託）

Chapter 6 インカムゲイン投資家のための高利回りＲＥＩＴ投資

Chapter 7

海外ＲＥＩＴにも投資できる

第5部

海外証券口座

Chapter 8

長期投資に適したレバレッジのかけ方とリスク管理

終章

長期の国際分散投資は本当に正しい投資法か

カバーデザイン◆EBranch 冨澤 崇
本文デザイン・DTP◆初見弘一

序章

安定・高利回りは正しい知識から

フィックスト・インカムとよばれる、債券やＲＥＩＴなどのインカムゲイン商品のなかには、安定・高利回りの長期投資を実現できる投資対象が数多く存在します。

これらの投資商品は、株やＦＸとはことなり、市場金利などの要素から値動きを予想しやすいことも特徴であるため、それらの基本をしっかり理解してから投資をはじめるのが賢い投資家であるといえるでしょう。

さらに、金利を中心としたインカムゲイン投資に対する理解は、世界の金融市場で何が起きているのかを把握するために必要な知識でもあります。

世界経済の動きを的確に把握し、長期にわたり安定した高利回りを確保するためには、インカムゲイン商品について正しい知識をもつことからはじめましょう。

世界の債券とREITを組み合わせたインカムゲイン投資

世界の金融市場に目を向ければ、低成長と低利回りになれてしまった日本とは対照的に、高成長と高配当を両立する投資先は数多くあります。

さらには、先端の金融技術により生み出された魅力的な投資商品を見つけることもできるでしょう。

21ページの図1は、世界に存在する金融商品のおおよそすべてをまとめた表です。このように、世界の金融市場では、日本では見かけることのない、数多くの金融商品が投資家を歓迎しています。

本書では、このなかからとくに債券とREITを中心としたインカムゲイン商品を解説していますが、よくある普通の商品を教科書的に説明することは避けました。

第2部「債券」では、一般に広く知られている国債や社債はもちろんのこと、**債券をはじめて学ぶ人でも、モーゲージ、クレジットのような隠れた高利回り商品に投資機会を見つけられるように順を追って説明**しています。

また、第4部「REIT」では、J－REITからはじまり、特別な構造をもつことにより

種別	大口または機関投資家のみ	個人投資家		
不動産	信託受益権	東京不動産	地方不動産	先進国不動産
		新興国コンドミニアム		
オルタナティブ投資	未上場・ベンチャー企業投資(PE)	マイクロファイナンス	ランドバンキング	プロジェクト・ファイナンス
		損保再保険	株主優待投資	不良債権
		ローン債務	ワイン投資	オフショア生保積立
		ヘッジファンド	太陽光発電	宝石・絵画
		生命保険証券（TLPs)	訴訟報酬ファンド	M&A ファンド
節税商品	—	オフショア生命保険(非積立)	生命保険・がん保険	航空機・船舶オペレーティングリース
		建設機械リース	居住権	

※転換社債、ワラントは通常はデリバティブに分類されませんが、その複雑さや使われ方から本書ではそのように分類しました

図1　世界の金融市場に存在する多様な金融商品

種別	大口または機関投資家のみ	個人投資家		
株式	―	日本株	先進国株	新興国株
		フロンティア市場株	IT など産業セクター別の株	
REIT	私募 REIT	オフィス REIT	商業 REIT	住居 REIT
		インダストリアル REIT	モーゲージ REIT	
債券	―	日本国債	米国債	ハイイールド債
		ドル建て新興国債	現地通貨建て新興国債	
モーゲージ	資産担保証券（ABS）	MBS（不動産ローン担保証券）ETF	CDO（債務担保証券）ETF	CLO（商業ローン担保証券）ETF
クレジット	ソブリン CDS	個別企業 CDS（ETF）		
	個別企業 CDS			
通貨	短期金融市場	現金	預金	為替 FX 取引
		フォワード		
商品	―	金・原油などの商品先物	CFD	
デリバティブ	金利スワップ	先物	オプション	VIX 指数
		仕組債	仕組預金	バイナリオプション
	金利キャップ／フロア	転換社債※	ワラント※	

高い分配金を払い出せる海外ＲＥＩＴの仕組みまでを徹底解説しています。

もちろん、**いずれも小資金の個人でも気軽に投資できるもののみを題材として選んでおり、明日からの投資にすぐに役立つ**知識のみを限られたページ数の中に詰め込みました。

なお、海外には、ランドバンキング、オフショア積立投資、ヘッジファンドなど、非上場のめずらしい投資対象も多くありますが、これらは、必ずしも投資家に有利なものとは限りません。

むしろ、**世界各国の証券市場に上場している株、債券、ＲＥＩＴ、それらを詰め合わせたＥＴＦなど、とくにめずらしくない商品のほうが有利であることが多い**ため、本書ではおもに上場商品（図１のアミの箇所）を解説しています。

長期投資に必要な為替の知識

本書では、世界の債券やＲＥＩＴへ投資する際、切っても切り離せない為替についても、その基本から、為替を応用した高度な金融商品まで、投資の現場で必要な為替の知識を多く盛り込みました。

さらに、為替ヘッジにより、外貨建て資産に為替リスクなく投資する方法など、いままでは、プロの投資家でなければ実現できなかった取引手法を、少資金の個人でも手軽に行う方法についても紹介しています。

いかなる投資対象も、いずれかの国の通貨建てで取引される資産である以上、為替と上手に付き合っていくことは、長期投資の命運を左右する重要な要素だといえるでしょう。

安定したインカムを得るのに必要な2つの知識

世界中の投資商品をうまく組み合わせ、自分の目的に合った長期投資ポートフォリオを運用するために必要な知識を身につけましょう。

著名投資家ウォーレン・バフェット氏の「自分の理解できない企業には投資しない」という言葉は有名ですが、これは個別企業に対する投資のみならず、金融市場に存在するすべての投資対象についていえることでしょう。

このような考え方にならい、本書では、投資法や推薦銘柄という結論だけを提示することは極力避けています。

それよりも、将来的に、どのような相場環境や金融商品と遭遇しても、投資家みずからの判断により、正しい選択肢を選べるようにするため、投資についての普遍的な知識を提供することを主なテーマとしています。

「長期投資で老後の資金を蓄えたい」と考える人は、自分の将来がかかったポートフォリオを数十年先まで運用するファンド・マネージャーのようなものです。

そのような人たちにとって、投資の基本原理を十分に理解するという「自分への投資」は、長期的に見れば、他のどのような投資よりもパフォーマンスのいいリターンを生むことでしょう。

本書では、いくつかの金融市場の基本ルールを説明していますが、それらは世界共通で今後も変わることのないものだけを集めました。一度身につけてしまえば、今後100年使える投資の基礎知識となるはずです。

さて、インカムゲイン投資と長期間つき合うために必要な知識は、大きく分けて2つです。ひとつは、**投資商品の仕組みを理解すること、そして、もうひとつは世界経済の流れを知ること**でしょう。

金融商品の仕組みを理解する

投資商品の仕組みはコツをつかんでしまえば、それほど難しいものではありません。

証券市場には、大きく分けて、株、債券、為替、商品、不動産、そして、それらの投資対象にひとひねりを加えた、先物やオプションなどのデリバティブとよばれる投資対象があります。

そして、**どのようなファンド、複雑に見える投資商品も、すべてはこれらのシンプルな資産の組み合わせ**でできています。

そのため、これらが、どのようなものであるかを一度理解すれば、世界に数多《あまた》あるすべての投資対象を完全に理解することができるでしょう。

世界経済の流れを把握する

さらに、昨今の市場では、どのような投資対象であろうとも、売り時、買い時を把握するために日米欧をはじめとした世界経済全体を理解することが求められます。

世界経済のグローバル化とは、**日本株や近所の不動産など身近な投資対象の値動きにすら、世界経済全体の動きが関係する**ことであるともいえます。

そのため、市場の価格変動の背景を理解すること、端的にいえば、経済新聞やニュースの内容をきちんと理解して市場の全体像を把握することは、インカムゲイン投資家に限らず、すべての投資家にとって非常に重要だといえるでしょう。

高い利回りは高い金融リテラシから生まれる

本書では、インカムゲイン投資に必要な多くの知識を紹介していきたいと思っていますが、それらの知識がどのような投資場面で役に立つのかを次にまとめてみました。

リスク回避は正しい知識から

ファンドの過去の成績（トラックレコード）や分配金だけを見て投資を決める人も少なくありませんが、これには、大きな危険がともないます。

じつは、リスクを代償として高い分配金を払い出す構造のファンドをつくりあげること、また、きれいなトラックレコードをあとからつくり、不景気でも好成績を特徴とするファンドをつくりあげることは非常に簡単なのです。

さらに近年の金融市場では、仕組預金のように複雑な金融理論を駆使して、見せかけの高利回りを提示する商品も少なくありません。

そのため、**好成績ファンドや高い分配金の陰に潜むリスクを見破るには、なぜ、その投資商品が高利回りを出せているのか、どのような場合に損が出る仕組みとなっているのか、その構造を理解することが不可欠**です。

しかし、それらをすべて学習するには時間がかかりすぎますので、本書では、市場で多く見かける、いくつかの有名な投資商品を例にとり、その裏側を解説していきます。

もっとも有利なレートで投資商品を購入できる

ホテル予約サイトなどでは「ベストレート保証」とあり、世界のどこを経由して予約しても価格は同じであることを約束しています。

一方、証券の世界では、投資家の金融リテラシにより、支払わなければならない手数料は変わってきます。

たとえば、大手証券会社の販売する投資信託の手数料は割高であり、それと同等の海外ＥＴＦを購入したほうが有利であることは、広く知れ渡っておりご存じのとおりです。

ほかにも、仕組債やデリバティブなどの取引においては、複雑な金融商品の知識を持ち合わせる投資家は少ないため、気づかないうちに高額な手数料を支払っていることも少なくありません。

このように、市場には、**「これを買えば確実に利益を期待できる」商品はありませんが、「これを買ってしまうと確実に損をする」商品はたくさんあります。**

不利な商品を避け、投資をはじめる前から損をしないためには、投資商品の仕組みを理解すること、また、日本のみならず世界中の投資商品に目を向ける必要があるでしょう。

本書では、避けるべき商品と、それに代わる投資先の解説にも多くのページを割いています。

富裕層向けのプライベートバンクよりも有利な取引環境を利用できる

近年では、楽天証券やSBI証券など、初心者が気軽に口座を開設できる証券会社でも、良心的な手数料体系と悪くない投資信託を取り扱うようになりました。

しかし、海外に目を向けると、これらの国内証券会社では取り扱いのできないETF銘柄、マージン取引と呼ばれる資金効率の高い取引方法、そのほか、日本にはない仕組みの投資商品も、まだまだたくさんあります。

現在では、海外証券会社を活用することにより、小資金の投資家でも富裕層向けのプライベートバンクよりも有利な手数料体系で幅広い商品へ投資を行うことは十分に現実的です。

世界のどこでどのような商品に投資できるのか、それはどのようなリスク・リターン特性のある商品なのか。これらを理解して、自分の目利きで次なる投資機会を探せるようにしておきましょう。

金融市場の全体像を把握すれば正しい投資判断ができる

ニュース記事の中にも「米金融緩和縮小で債券価格下落」など、金融市場の基本ルールを理解していなければ、その意味を読み取ることのできないものが多くあります。

また、過去の市場の流れを知らなければ、なぜそのニュースが重要なのかを理解できないこともあるでしょう。

本書では、投資をはじめたばかりで、いままで市場で何が起きていたのかを体験していない人でも、現在、市場で最大のテーマとなっている量的緩和と米国利上げを理解できるように、あらすじと基礎知識をまとめて説明しています。

証券市場や世界経済に、いま何が起きているのかを十分に理解することは、正しい投資判断をするための第一歩となるでしょう。

第1部

10分でわかる！
サブプライム危機から
米国緩和縮小までの流れ

２０１４年８月現在、市場で最大の関心事となっているのは「世界的な量的緩和が市場にどのような影響を与えるのか、そして、それはいつまで続くのか」に尽きるといえます。

現在の量的緩和は、サブプライム危機から始まった一連のストーリーの最終章です。

量的緩和とは何か。それにより金利はどのように動くのか。現在の市場で起きているストーリーを理解しながら、インカムゲイン投資に対する理解を深めましょう。

いくつかの難しい概念が出てきますが、重要な点はあとのページで詳しく説明していますので、まずは全体の流れをつかんでみてください。

Chapter 1

世界的な量的緩和とこれからの経済

サブプライム危機を乗り越えろ

2006年、米国のとある地区の教会では、いつものように日曜礼拝が行われていました。そのあとのお茶会では、近隣住民たちが他愛ないおしゃべりを続けています。今日は、近年、価格の上がり続けている住宅の購入について話をしているようです。

「おれは、最近、住宅ローンのあっせんをはじめたんだ。いまなら、どんなやつでもアメリカにマイホームがもてる。誰か興味あるやつはいないか？」

「家はほしいわ。けど、私は時給10ドルで働いているベビーシッターなの。住宅ローンなんて払えるわけないわ」

「大丈夫さ。月の支払いは300ドルだけでいい。住宅価格は毎年10万ドルずつ上がるから、何年かしたら売れば誰も損はしないんだよ……」

かくして、時給10ドルで働くブラジル人ベビーシッターはフロリダに70万ドルもの豪邸を手に入れることになりました。

しかし、70万ドルもの住宅ローンを日本と同じ方法で支払ったとするならば、本来の支払額は毎月４０００ドル（40万円）程度に達するはずです。

なぜ、このようなことができたのでしょうか。

じつは、**当時の米国ではネガティブ・アモチゼーションとよばれる、住宅価格や将来の給与の値上がりを前提としたローンの返済方法を採用**することにより、月々の支払いを金利よりも低くおさえていたのです。

このようなバブルが長く続くことはありません。

２００６年からはじまった米住宅バブルははじけ、その後、米国では多くの銀行が低所得者層向け不動産融資で膨大な貸し倒れをつくることとなりました。

そして、その不良債権の額は、銀行の力だけでは自立回復できないレベルにまで達しました。いわゆるサブプライム危機です。

このままでは、シティ、モルガンスタンレーなど、米国の名だたる銀行がいくつも潰れてしまいます。

株式市場では、国や企業の信頼性に疑心暗鬼となり、米国を代表する有名企業の株や債券ですらも二束三文の価格で投げ売りされていました。
まさにパニックといえる状況でした。

WORD　ネガティブ・アモチゼーション

この住宅ローン契約においては、元金の返済をせず、また、生じる利息よりもローン返済額が少ないため、ローンを返済し続けても借入残高は毎月増えていきます。そのため、将来的に物件をいまよりも高く売却して値上がり益で一括返済しない限り、銀行は貸し倒れてしまいます。

不良債権をよみがえらせた米国の政策

２００８年10月、この状況を打開するため、米国はＴＡＲＰ（不良資産救済プログラム）とよばれる異例の救済策を実施しました。

通常、銀行は自宅を担保にお金を貸します。

そのため、ローンの返済が滞り、かつ、自宅を没収して競売で売却してもローン残債以下でしか売れない場合、銀行は貸したお金が返ってこないことになります。

このような場合、一般的には、この住宅ローンの借用書を、サービサーといわれる取り立て代行会社にタダ同然の価格で売却して損出しします。

しかし、膨大な金額に膨れあがった不良債権に対して教科書どおりの処理をしてしまうと、70万ドル貸したローンの借用書を10万ドルで買い取られてしまうなど、貸し手は大損してしまい、存続できなくなる銀行が多数出ることが予想されました。

さらに、**いくつかの大銀行が潰れてしまうと、それらをメインバンクとした企業や関連の深い中小銀行も連鎖で潰れてしまい金融市場全体が麻痺する、システミックリスクといわれる状況も懸念**されていました。

このような事態を避けるため、米国は、安値で政府系金融機関に完済保証をつけさせ「安全なローン債権」に化けさせたもの（エージェンシー債）をＦＲＢが高値で買い取るという異例の措置をとることになります。

銀行から見れば、貸し倒ればかりで価値のなくなった多数の不良債権を、政府に高額買取してもらえるという救済策にほかなりません。

政府は、銀行が保有する無価値な不良債権と引き替えに、価値ある米ドルの新札を銀行に提供し、銀行を救済することにしたのです。

その結果、**金融機関の保有していた不良債権の多くはＦＲＢに買い取られ、金融機関は財務の健全性を取り戻すこととなりました。**

また、米シティなど大手銀行が公的資金の注入を受け、破綻を回避する方向性が定まったことから、市場は一応の平穏を取り戻すことができました。

これまでにＦＲＢが金融機関から買い取って保有する不動産担保ローン債権は、１６３兆円にも達します。この多くが実質的には不良債権だと考えられます。

さらに、これ以外に２３０兆円の米国債も買い取り、保有しています。

そして、いまでもＦＲＢは景気刺激策として、毎月、銀行から決まった額の国債などを買い取り、その代金として、市場に新しい資金を提供し続けています。

また、米国は、ＦＲＢによる資産買い入れと同時にフェデラル・ファンド・レート（ＦＦレート）という翌日物金利を５・２５％から段階的に０・２５％まで引き下げました。

景気が悪い時期に金利を下げるのは世界共通の定石ともいえる金融政策です。

理由は、すでに変動金利で住宅ローンを組んだ人のローン支払いを減らすため、そして、銀行借入をする自宅購入者や企業がお金を借りやすくして経済を活性化させるためだと考えられます。

※データ出典　FRB保有MBS残高　Bloomberg FARBTRSY Index, FRB米国債保有高Federal Reserve Bank of New York, FFレート誘導目標推移 Bloomberg FDTR, いずれも２０１４年６月現在

※注釈　ＦＲＢによる資産買入は２０１４年10月に終了とアナウンスされていますが執筆日現在では未確定

WORD **FRB（連邦準備制度）**

日本でいえば日本銀行。米国の中央銀行に相当する機関です。

WORD **量的緩和**

このように、**中央銀行が新しいお金を発行して、市中銀行がもっている国債や住宅ローン債権などを買い取ることを量的緩和、米国でQE（Quantitative Easing）**といいます。

量的緩和と利下げを歓迎した米国株式市場

このような量的緩和策と利下げを、市場は暖かく迎え入れ、2013年5月、米国株価（S&P500指数）は、ふたたび史上最高値を更新することとなりました。

米国株が最高値を更新した背景には、米ドルが増刷され、相対的に米ドルの価値が下がるためインフレ圧力が働き、インフレ対策として米国株や不動産が選好されたこともあるでしょう。

さらに、現在の米国政策金利は0・1％という歴史的な低水準であることにくわえ、**かねてより、サブプライム危機による景気後退（リセッション）が落ち着き、住宅価格や雇用が安定したころには金利を上げることが示唆されていた**ため、投資家たちは、「金利はどう考えてもこれから上がる（国債は下落）」と考え、国債を積極的に買い進みにくかったことも、債券市場ではなく株式市場に資金が流れた理由だと考えられます。

このように、米国は金融政策を駆使してサブプライム危機を無事に乗り越えたといえるでしょう。

１００年に一度といわれたサブプライム危機による大パニックから、わずか5年での最高値更新は、多くの人が想像するより早い回復であったと思います。

アベノミクスで大きく舵をとった日本経済

さて、米国の量的緩和は日本へはどのような影響をあたえたのでしょうか。

サブプライム危機の収束が見えていなかった２０１１年ごろは、どこまで新札が発行され続けるか分からない（すなわち、サブプライム危機の後始末にかかる予算感が読めない）米ドル、そして、ギリシャの債務問題などが懸念された欧州ユーロを捨て、**日本円やスイスフランなど、金融危機から遠く、安全な国の通貨に資金が逃避する傾向が強まり、「質への逃避」ともよばれました。**

その結果、サブプライム危機以降は円高傾向が続き、２０１１年10月に75・３５円の史上最高値を記録するなど、日本円の人気は高まりました。

しかし、日本円人気は日本国内への投資に結びつかず、円高で輸出企業が悲鳴を上げる中、

図2　サブプライム危機後の米ドル円相場

株式市場は為替レートをにらみながらの小動きが続きます。

その後、2012年末には欧米の信用危機が落ち着きを取り戻したことなどから、あらためて世界の投資家はリスク・オンの姿勢、すなわち、欧米の先進国そしてアジア新興国をも含めて積極的に投資をすることを選択します。

外国人投資家は、退避先として人気のあった日本円を再び米ドルに換え、再び本国の市場に戻っていったことなどから、2013年4月にはドル円は100円近くまで値を戻しました。

アベノミクスによる異次元の金融政策

その後、ようやく日本も「失われた20年」といわれて停滞を続ける日本経済を活性化させるための景気刺激策を本格的にスタートさせます。

2013年4月4日、黒田日銀総裁により「異次

元緩和」として発表された、アベノミクスの中心ともいえる金融政策です。

この異次元緩和では「マネタリーベースを2年で2倍にする」と発表して以来、55兆円の日銀当座預金は、その後1年で128兆円まで増加し、当初の宣言どおりに推移しています。

日銀は、国債の買い取りを通じて日銀当座預金を供給し、実質的に、金融機関に大量の新規資金を供給していると考えればいいでしょう。

なお、日銀が市場で国債を買い集めた結果、**日銀から見れば、実質的に、何もコストを支払わずに国債残高の約2割、200兆円を超える大量の国債を保有することになった**ことも覚えておきましょう。

※データ出典　日銀当座預金推移 Bloomberg TOYS3020, 日本経済新聞「国債保有残高、日銀が首位に　保険会社を抜く」

金融機関にはお金があまっているのに私たちにはまわってこない理由

このように、日本においても経済の動脈といわれる金融機関には大量の輸血が行われ、活動の準備が整いました。

しかし、サブプライム危機から何年も経っていない、このご時世ですので、手元に資金が供給されたからといって、すぐに融資を拡大するほど金融機関は楽天的ではありません。

いくらお金があまっていて国の方針で貸出を推進されても、そのあとに貸し倒れると、最後には銀行の損失となってしまうためです。

そこで、**銀行は、日銀から得た資金を融資にまわすことなく、国債を売って得た資金で再び市場で国債を買い、低リスク・低リターンの運用をする**ことを考えます。

さらに、現在の日銀当座預金は置いておくだけで0・1％の利子がつくため、余剰資金を融資に使わなくとも利益をあげることができます。

日銀当座預金の伸びに比べて銀行融資がそれほど伸びていないのは、このように、銀行が再び国債を買ったり、日銀当座預金の利子を得てしまっていることも関係しています。

これには、過剰融資のブレーキ役である金融庁が行う金融検査の厳しさ、また、バブル期の過剰融資とそのあと始末を現場で体験している審査部や経営陣の方針が、すぐには切り替わらなかったことも影響しているといえるでしょう。

このように、使える資金量が膨大だったとしても、あとのことを考えると慎重にならざるを得ないため、**量的緩和により日銀当座預金がこれ以上増えても貸出は増えず、景気の活性化に貢献しないという意見も**あります。

国債を大量に購入し続ける日銀の思惑

ところが、日銀も、そうはさせまいと、市場で流通する金額の7割にもあたる大量の国債を毎月購入しており、市場では国債の品薄状態が続き価格は値上がり（利回りは低下）しています。

２０１４年７月現在、10年国債の利回りは０・４％台まで買い進まれています。

ここまで国債利回りが悪いのであれば、金融機関は国債以外の資金運用先、たとえば本業の融資、外国債券、株への投資を考えなければならなくなる算段です。

※データ出典　日銀の国債購入割合７割「財務省平成26年度国債発行計画」平成25年度市中発行額１５６兆円のうち１年割引短期国債30兆円を除いた額の７割となる毎月７兆円を買い入れより計算

※注釈　金融機関が低金利国債を買うことについて「普通預金の金利がゼロに近いので、低利の国債をもっているだけでも預金者への利子をまかなうことはでき、赤字にはならないので問題はない」（地銀支店長）という意見もあります

日本と米国が利上げしたときの問題

このように、サブプライム危機のあと片づけとして、また、「失われた20年」に終止符を打つための景気刺激策として日本の量的緩和策は行われてきました。

そして、現在のテーマは、この世界的な緩和策をどのように終わらせて正常な市場を取り戻すかがテーマとなっています。

なぜ、さらに緩和を進めて、景気をよくさせることを考えてはいけないのでしょうか。

じつは各国の中央銀行にとって、量的緩和は積極的に推進したい政策ではないはずです。

モノの量は変わらないのにお金の総量だけ増えてしまうと、安易にモノとお金を交換したくなくなりインフレを招くためです。

市場から見ても、勝手にお金が増刷される国の通貨価値は下がりますので、量的緩和で過度に市場にお金をばらまくと為替は弱くなります。

実際、黒田日銀総裁が異次元緩和を発表した当日だけでも、3円以上も円安米ドル高が進みました。

現在の紙幣はゴールドなどによる物的な裏づけがなく、国の信用により価値が担保されているに過ぎず、あとからお金の量が増えてしまうと希薄化を起こすためです。

通貨の希薄化により、一時的には、お金の流れがよくなり、景気回復に貢献することもあるでしょう。

しかし、それが行きすぎると量的緩和バブルを引き起こす可能性もあります。

バブルは、いつかはじけて昔の日本のように後処理が大変であるため、金融政策を運用する国の立場からすると、なるべく避けたい現象です。

さらに、日本のように低金利を持続させる政策にも問題があります。

ひとつは、金利を極限まで下げると、それ以上は下げられないため、金利を下げて経済を活性化させるというカードが切れなくなることです。

もうひとつは、**景気が悪く、預金金利も低いという経済においては「融資や投資をしても手**

間の割に利益にならないから、現金で保有して何もしないほうがいいかな」と考える人が増えるため、金利や通貨供給量の調整などの金融政策を試しても、市場は現金をもったまま固まってしまい、不況を抜け出せなくなるという問題です。

この現象は、「流動性の罠」といわれており、日本経済はこの罠にはまっているといわれています。

このような状況を避けるため、米国はなるべく早期に資産買い入れをやめ、金利を適度な水準まで戻したい（利上げしたい）と考えています。

米国の利上げは正常な世界経済を取り戻すことができるのか

では、米国がすぐに利上げをしない理由は何なのでしょう。健全な経済状況に戻すことで何か問題が生じるのでしょうか。

米国が利上げを行う際に心配されているのは、経済活動の停滞による米国株安、さらには、米国をあふれ出て一度は新興国に向かった投資マネーが、経済全体のレバレッジ縮小により、引きあげられて戻ってくるリパトリエーションとよばれる現象です。

そうなれば、先進国からの投資マネーでうるおっていた新興国の景気に水を差すことにもつながります。

これらの心配が現実になり、またも不況に陥っては意味がないため、米国では雇用統計や住宅の売れ行きの推移を見ながら、いつ資産買い入れを終了して、利上げをするかというタイミングを見計らっている状況です（FRBによる資産買い入れは2014年10月までで終了予定とされています）。

東京五輪による景気回復期待と日本の利上げ

一方、日本が利上げをする際にはどのような問題があるのでしょうか。

現在、日本の国債の9割は日本国内の機関投資家が保有しているため、金利が上がると国債を大量に抱えている金融機関に損が出ること（金利が上がると国債価格は必ず下落する仕組みです）が心配されています。

これに備えてメガバンクなどは、長期国債の保有を減らし、あと2年程度で元本が返ってくる短期国債を多くもつようにしています（残存期間の短い国債は金利が上がってもあまり価格は下落しないためです）。

すでに銀行の利上げの準備はできているといえるかもしれません。

なお、長期国債を多く保有している生命保険会社は、国債を時価評価しない会計方式であること、また、保険加入者への支払いもかなり先であることから、運用利回りが悪くなる問題はありますが、ただちに損が出ることはないようです。

今後、遅かれ早かれ日本も利上げして、正常な経済環境に戻る日が来るでしょう。失われた20年を象徴した低金利政策から脱却し、利上げを果たすことは日本経済の悲願でもあります。

しかし、米国が利上げしたら日本もそれに追従しなければならないわけではないため、そのタイミングは誰にも分かりません。

個人的には東京五輪に向けて景気を高揚させ、利上げによる経済停滞が無視できるほど景気がよければ日本も利上げに踏み切るのではないかと思います。

※データ出典　日本の国債の9割は日本国内の機関投資家が保有　財務省「資金循環と国債の保有構造　国債等の保有者別内訳　平成25年9月末（速報）」

WORD 機関投資家
証券会社、年金基金、生命保険会社など、数百億円を超える規模で多くの人から資金を預かり運用している投資主体のことをさします。

インカムゲイン投資家が考えるべきこと

このように、市場の流れを把握したあとは、それが自分の投資にどのような影響をあたえるのかを考えてみましょう。

日米の利上げと量的緩和により、私たちの投資対象である、債券、不動産、為替などにどのような価格変化があるのでしょうか。

次のようなまとめは、世間でよくいわれている一般的な予想です。かならずしもこのとおりに動くわけではありませんが、考え方としては参考になろうかと思います。

このようにして、ニュースを読み解き、次の展開を自分で予想できるようになれば、安心して長期のインカムゲイン投資とつき合っていくことができるでしょう。

●国債の金利が上がれば価格は下がる。ならば、国債と大きく利回りの変わらない安全性の高い社債の価格も、国債にさや寄せされて同じように下落するであろう
●ハイイールド債（詳しくは83ページ）のように、国債よりも大幅にリスクも利回りも高い債券への影響は計算しにくいが何らかの影響をあたえる可能性が高い
●量的緩和で市中に資金があふれれば、不動産や株などの資産へ資金流入し、さらに値上がりするかもしれない。もしくは、いままでの量的緩和の結果、過剰な資金が株や不動産市場に流れ込んでおり、すでにバブル気味かもしれない。
●米国は利上げ、日本はゼロ金利を維持であれば、相対的に米国の高金利は魅力的であり、さらに、日本が量的緩和を続ければ日本円の価値は下がるため、中長期では円安米ドル高を予測する人が多い
●日米の量的緩和や金利動向以外にも目を向ければ、戦争や災害、新興国での金融危機など、

景気回復に水を差すイベントが発生するリスクもある

解説

なぜ量的緩和で景気がよくなるの？

Q マネタリーベースと日銀当座預金とは何ですか？

近年では、マネタリーベースと日銀当座預金はほとんど同じ意味で使われています。

日銀当座預金には、民間銀行間の資金移動を決済する口座、貸しすぎ防止のために準備預金とよばれる保証金を日銀に対して積み立てる口座、銀行があまったお金を置いておく口座、などさまざまな役割がありますが、ここでは、日銀が市中銀行に対して資金を提供するときに使う口座と考えると分かりやすいでしょう。

Q 日銀は本当に紙幣を印刷して銀行にばらまいているの？

日銀やＦＲＢは「紙幣を印刷してばらまく」ことにより、市場に新しいお金を供給している

などといわれますが、実際には、このようなことは行われていません。

日本に存在する紙幣の総量（80兆円台）は以前からほとんど変わっておらず、輪転機はほとんどまわっていないのです。

日銀から市中銀行（メガバンクや地銀など普通の銀行）への資金供給は、**紙幣を印刷するかわりに、日銀当座預金の残高を増やすことにより資金を供給しています。**

これらをひとことで表現したのが「紙幣を印刷してばらまく」という言葉ですが、実際には、紙幣を印刷して宅急便で銀行に送っているわけではないことを知っておきましょう。

米国でも仕組みは日本とおおむね同じです。

Q 日銀は無償で銀行にお金を供給しているの？

もちろん、無償で民間銀行の当座預金残高を増やしてあげるのはおかしいので、日本であれば銀行がすでにもっている国債、米国であればサブプライム危機の時に焦げついた不良債権などを買い取り、その対価として資金を供給します。

日銀は銀行から国債をもらい、銀行は「100億円」などと記帳された日銀当座預金の通帳を受け取るイメージでしょう。

ここでのポイントは、その通帳、すなわち**日銀当座預金の残高を増やすことは、日銀の判断で好きなだけできること**です。

なぜなら、この**口座残高を増やすことにより銀行に与信をあたえる**のは中央銀行に認められた特権であり、通帳の残高を印字することに何もコストはかからないためです。

このように、**日銀当座預金に（国債を買い取り）大量の資金を供給するのが日本の量的緩和政策**です。

そして、**日銀当座預金が融資に使われ、融資により経済にレバレッジがかかり景気が活性化するのがアベノミクスのベストシナリオ**だといえるでしょう。

Q なぜ金融機関が融資をすると経済が活性化するの？

国債などと交換で日銀当座預金に新しい資金を供給していることを説明してきましたが、この口座にお金を置いておくだけでは、経済の活性化につながりません。

銀行が、日銀から大量供給された資金を元手に、企業や不動産購入者への融資を拡大させるなどして景気を刺激することが量的緩和の目的です。

そして、この**融資には、銀行が市民から預かった預金や日銀当座預金に供給された資金を何倍にも膨らませ、経済にレバレッジをかける効果があるのです。信用創造という考え方です。**

Q 信用創造とは何ですか？

銀行は、市民から預かった預金や、日銀から供給された資金を使い融資を行いますが、お金を借りる人のほとんどは、銀行口座にお金を入れっぱなしで、現金を引き出すことは少ないという点に注目してみましょう。

いったん貸付として銀行から出ていったお金は、また預金として戻ってきます。（他行宛に振込したとしても、日本全体で見れば銀行が貸し出して出て行ったはずのお金がまた口座に入金されています）

そこで、戻ってきた預金をさらに他の人に貸すと、もともとあった資金量よりも銀行預金の総量が増える仕組みになっています。

たとえば、Aさんが銀行に100万円を預け、銀行がそのお金をBさんに貸すと、銀行には100万円しかないはずなのに、Aさんも残高100万円、Bさんも残高100万円（ただし借入もあり）となります。

このように、**銀行が融資をすると、みんながお金をたくさん使える状況をつくることができる**のです。これが行きすぎるとバブルを招く恐れもあるため、米国では量的緩和後のバブルを心配する声も出はじめています。

Q 国債発行と量的緩和で通貨発行するのは何が違うの？

国債は借金ですので、いずれは資金の出し手にお金は戻り、市場に存在するお金の総量は増えませんので通貨価値に影響を与えません。

国債は、買いたい人がいる限りは単なる資金の移動に過ぎず、きちんと返済さえされれば最後に帳尻は合います。

そのため、その債務を返済できる見込みが高ければ　通貨価値は下落しません。それが、通貨発行と国債のもっとも大きな違いでしょう。

第 2 部

債券

インカムゲイン投資の代名詞ともいえる債券は、元本を毀損するリスクを最小限におさえて安定した利回りを得られるため、定期的な収入を得たい人や老後の資金をつくりたい長期の投資家に適した投資対象です。

債券はＥＴＦを通じて少資金の投資家でも購入することができます。株式やＦＸのようなキャピタルゲインを得るための投資だけでなく、債券を中心とした高利回りのインカムゲイン商品もポートフォリオにくわえてみましょう。

また、債券と金利の知識は、証券市場や世界経済全体の流れを理解するのに不可欠であり、それは、不動産、為替のほか、すべての投資に関係しています。

長期安定の高利回り投資は債券を知ることからはじめましょう。

Chapter 2

債券ETFで少資金でも安定・高利回りの長期投資を実現

高利回りの債券投資とは

安定した長期投資の主役となる債券とは、どのような投資対象なのでしょうか。

債券とは、簡単にいえば、国や企業が、投資家からお金を借りたときに発行する借用書に流動性をもたせたものです。

通常、借用書には「1000万円借りました。毎年4%すなわち40万円の利息を払い、3年後には元本の1000万円を一括返済します」と書かれています。

毎年4%の金利収入のことをクーポン、満期になってお金が返ってくることを償還、あと何年経てば満期になるという期間のことを残存期間といいます。

債券は、住宅ローンとはことなり月々の返済はなく、元本は満期一括返済ですが、クーポン

図3　債券購入価格による利回りの違い

	購入時	1年目	2年目	3年目	最終利回り
最初の保有者	−1000	40	40	1040	4.0%
次に債券を 譲り受けた投資家	−500	40	40	1040	32.5%

※3年目はクーポン収入＋元本償還のため 40+1000=1040 となる

は毎年継続して受け取れます。

　さて、このような債券を買った場合、最初にお金を貸した人は金利4％の投資となりますが、この借用書は転売することができ、次に買う人がいつ、いくらで買うかによって利回りが変わるのが債券の特徴です。

　たとえば、この借用書を500万円で買うことができたとします。3年もった場合、図3のように毎年40万円のクーポンが3回と最後には元本1000万円が返ってきますから、500万円で買った債券は1000万円で売れる計算です。

　直感的に考えても2倍以上に増えて戻ってくる高収益投資となり、クーポンの4％とはまったくことなる利回りが期待できます。

　つまりは、**同じクーポンの債券でも安価に購入し、満期まで保有して額面どおりの金額で償還すれば、クーポンにくわえて値上がり益を得られるため利回り（最終利回り）は変わってきます。**（詳しくは、債券講座①～⑥で説明しています）

　このように、ほとんどの債券は、はじめに購入した人の手を離れて市場で流通します。

そのため、債券相場を常にチェックしていると、割安で投資妙味のある債券と出会うこともできるでしょう。

割安に買えば、安定したクーポン収入と値上がり益の両方に期待できるのが債券投資のおもしろいところなのです。

ETFから世界の債券へ簡単投資

さて、債券は、小資金の個人が買うものではなく、大口投資家の扱う、低リスク・低リターンの投資対象というイメージをもたれている人も多いと思います。

じつは、そのイメージとはことなり、**いまでは、日本国債から新興国債まで、世界中のほぼすべての種類の債券へ、ETFを通じて少資金でも投資することができます。**

また、その内容に応じて債券ETFの分配金は、2～14％まで、多様なリスク・リターンのバリエーションを提供しています（2014年7月現在の利回り）。

さらに、それに為替ヘッジやレバレッジをかけることにより、投資家みずからの手腕で安定・高利回りの投資対象につくりかえていくこともできるでしょう。

本書では、数多くの債券を、その仕組みとともに紹介していきます。その特徴をしっかり理解して、債券と賢くつき合っていきましょう。

具体的な購入の方法は、第5部「海外証券口座」で解説しています。

米国債の利回りが重要なわけ

銘柄名	iShares 7-10 Year Treasury Bond ETF			ティッカー	IEF
時価総額	63億米ドル	12ケ月分配金利回り	1.92%	経費率	0.15%
コメント	残存期間7～10年の米国債を保有するETF				

※ティッカーとは銘柄を検索する際にもちいる証券コードです。

それでは、早速、具体的な債券の銘柄を見ていきましょう。

債券の中でもっとも注目度の高いのは国債です。国債はソブリン債ともいわれますが意味合いは同じです。

国は、道路をつくったり橋を架けたり、以前の借金を返済するのに資金が必要であったり、手元にある資金だけでは足りないため、債券を発行して国内外の機関投資家に売ることにより資金を集めます。それが国債です。

そして、**世界中の債券のうち、もっとも世界の注目を集めているのは米国の発行する10年国**

債だといえるでしょう。

なぜなら、**米ドル建て債券の利回りは、米国債と比べてどれだけ有利かを比較するのが市場の慣例となっており、また、世界共通で、長期金利といえば残存期間10年の国債を購入した際の最終利回りを意味する**ためです。

さらに、この米10年債の利回りをにらみながら、米国の金融政策が決められ、株式市場もそれに反応するため、すべての投資家からもっとも注目されている指標のひとつだといえます。

しかし、インカムゲイン目的の投資で低利回りの米国債では、あまりにおもしろみがありません。同じ米ドル建てであれば、米国債の利回りを最低基準と考え、もっと投資妙味のある債券を探してみましょう。

POINT　10年国債と利回りの関係

10年国債とは、償還まであと10年の国債を意味しますが、国債は毎日、発行されているわけではないため、実際には、今日からちょうど10年後に償還を迎える国債は存在しないこともあります。そのため、日本、米国ほか多くの国では、いまからちょうど10年後に償還するという仮想的な条件の国債先物を上場させ、その値動きに対してFXと同じように損益を差金決済する方法がとられています。そして、その仮想的な国債先物の価格から逆算された最終利回りが、各国の10年債利回りとしてニュースなどで報道されます。

日本国債のデフォルトに賭ける!?

銘柄名	日本国債先物	上場市場	東京証券取引所	ティッカー	JGB
コメント	1枚は約1・4億円、1ティックの損益は1万円				

銘柄名	日本国債（JGB）先物ミニ	上場市場	シンガポールSGX	ティッカー	SGB
コメント	東証JGB先物の1／10サイズ				

個人投資家が国債を考えたときに最初に思いつくテーマは、おそらく日本国債の安全性についてではないでしょうか。ここでは安全派と不安派それぞれの意見を紹介します。**日本国債は暴落すると考える人は、先物を通じて売り建てることもできます。**

金利の上昇は国債価格の下落となりますので、金利が0・1％ポイント動くと債券価格はどれだけ変動するのかを理解してから売買しましょう。

1000兆円を越える日本国債はデフォルトするのか

東京五輪が決まって以来、日本国債のデフォルトを声高に叫ぶ人は少なくなりました。

それでも、次のような理由により、いつ爆発するか分からない爆弾をかかえていると考える人は少なくありません。

- GDP比230％、1000兆円を越える巨額な借金
- 今後の人口減少は確実でありGDPは減少傾向をたどる
- このまま日本の産業が衰退を続けると貿易赤字が積み上がり返済原資がなくなる
- 国債を乱発して財務の信頼性が下がったところに外資系ヘッジファンドが先物を通じて一斉売りを浴びせれば日本国債は大暴落する
- 金利が急騰すると、利払い増加により、ただでさえ苦しい国の資金繰りをさらに圧迫する
- 財務省の「日本の財政を家計に例えると、借金はいくら？」のページでは借金の多さが強調されている

さらに、現在では、**年金と医療、介護に使われる予算がかさみ、プライマリー・バランスとよばれる税収と支出を単年度で見た収支バランスも支出超過**であるため、返済の進むめどはたっていません。

それにくわえて、震災復興のためのさらなる借入増加は頭の痛い問題となっており、このまま放っておけば、どこかで帳尻が合わなくなってくる計算です。

日本国債はデフォルトしない

日本国債は安全だと考える人の意見はおおむね次のようなものでしょう。

- 発行された国債の約9割を日本国内の機関投資家が保有している
- 市場の評価は、信用不安とはほど遠く強い日本円相場
- 日銀は発行残高の2割にも相当する国債を買い戻し、実質的に借金が減った
- 借金に対応する資産（外貨準備120兆円など）もある
- 「自国通貨建て国債のデフォルトは考えられない」と財務省も宣言している（出典：財務省外国格付け会社宛意見書要旨）

発行された国債の約9割を日本国内の機関投資家が保有していることは、日本独特の事情といえるでしょう。

これは、お父さんが娘からたくさんの借金をして信頼を損ねている状況と似ているといえますが、家庭全体で見れば帳尻が合っているため、通貨価値を維持できています。

なお、日本をはじめとして多くの国では、以前発行した国債を返済するために、再度、国債を発行して資金調達しています。

民間の発想であれば、自転車操業といわれる危険な資金繰りですが、**国債は、全額を返済す**

る必要はなく、借りっぱなしの自転車操業とするのが世界の常識であるため、このような運用となっています。

このように、国と家計では、収入構造も借金の返済ルールもまったく異なりますので、少なくともそれを同じように比較することに意味はないといえるでしょう。

さて、ひとまずのところは大丈夫だとしても、この国は将来まで安泰なのでしょうか。

前述のようにプライマリー・バランスが恒常的に赤字であれば、借金はどんどん増えてしまい、いつかは巨額な借金をコントロールできなくなってしまう計算です。

しかし、これに対しては、1600兆円といわれる個人の金融資産、そして不動産に対する増税を行い、結果的に個人の富を国家に移転するという伝家の宝刀を抜けないわけではありません。私は、このような背景から、日本国債はデフォルトしないと考えています。

WORD デフォルト

国債などの債券が、当初定めた金利支払いや元本償還を予定どおりに行えなくなり債務不履行状態に陥ること。いわゆる国家財政が破綻する状態です。

III 債券講座①

金利が上がると債券は下がる

量的緩和と利上げを解説する中で、日本国債の多くは国内の銀行が保有していることを説明してきました。

以前は、「日本の金利が急激に上がると国債価格は暴落し、国債を大量に保有している銀行は大損するかもしれない……」という問題が指摘されていました。これはどのような意味合いなのでしょうか。

不動産にたとえて考えてみましょう。

たとえば、年間賃料収入（＝債券のクーポン）40万円の物件が1000万円で売られていたとします。賃料利回りは4％です。物件の名称は「コーポ・キハツ」だとしましょう。

ところが、この物件のまさにとなりに、サイズ違いの同型の物件「コーポ・シンパツ」（こちらは賃料50万円だとしましょう）が、賃料利回り5％となる価格、すなわち1000万円で新たに売りに出されたとしたらどうでしょう。

コーポ・キハツは、賃料利回りを4％しか払い出しませんので、このまま放っておいては、となりで競合するコーポ・シンパツの5％に負けてしまい、どうがんばっても売れません。

そのため、コーポ・キハツは、賃料利回り5％となる800万円まで価格を下げなければ、売ることはできなくなります。

図4　債券の利回りを不動産にたとえて考えてみよう

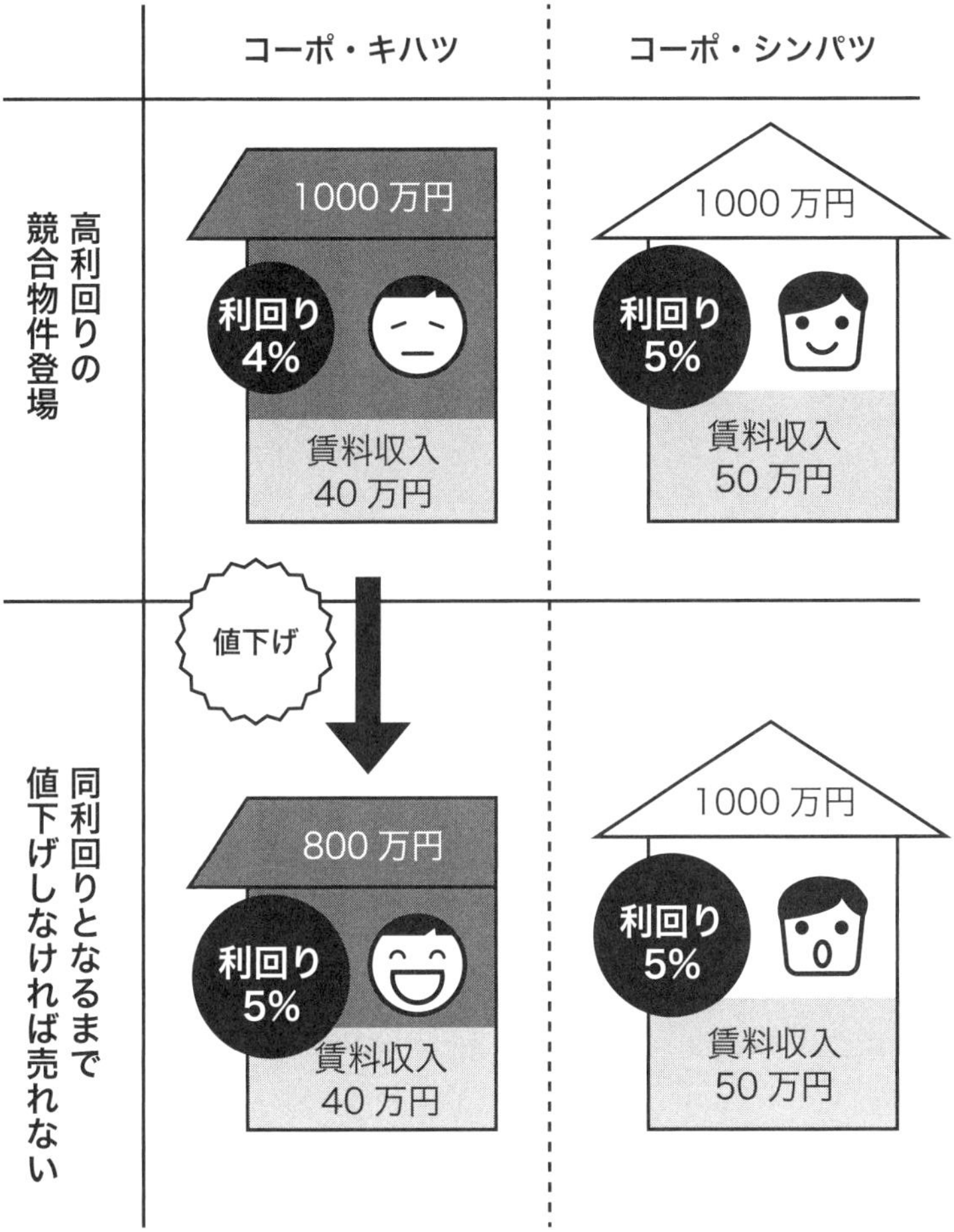

つまり、あとから売りに出てくる物件の賃料利回りが上がると、すでに売られていた物件の本体価格は、それにさや寄せされて下がる仕組みです。

この理屈は、債券の世界にもそのまま当てはまります。**新しく売りに出された新発債の最終利回りが既発債よりも高ければ、それと同水準の利回りになるまで既発債の価格は下がらざるを得ません。**

このような債券の価格変動原理より、日本の金利上昇（債券利回りの上昇）は債券価格の下落につながり、債券価格の下落は、それを大量に保有している金融機関の損失を懸念する連想となったわけです。

債券講座②　短期金利を動かすと長期金利にも影響する

現在の日本は、長いあいだゼロ金利政策といわれる金融政策をとり続けていますが、私たちが借りる住宅ローンの金利はゼロではなく、消費者金融の金利も高金利なのはご存じのとおりです。

では、どの金利をゼロにすることがゼロ金利政策なのでしょうか。

ゼロ金利政策は、すべての金利をゼロにすることを意味するわけではなく、無担保コール翌日物（オーバーナイト・コール）といわれる金利をゼロ近くにすることを政策目標としています。

翌日物金利とは文字どおり、今日借りて明日返す約束をする短期の貸金契約、すなわち短期金利です。

「たった1日だけ借りて何に使うのだろう」と考えるのが普通だと思いますが、実際には、**翌日に返済するための資金を、また1日だけ借りることを繰り返し（ロールオーバー）、長期にわたって自転車操業的に借り続けて使います。**

▼短期金利のロールオーバーと長期金利を比べてみよう

ところで、通常、10年「固定」金利での貸付のように期間の長い貸金には、債券講座①で説明したように、あとから金利が上がった場合、既存の貸金契約からあがる金利収入の魅力が下がってしまうリスク、そして、長期にわたる不確実性と流動性の問題があります。

そのため、一般的には、長期の固定金利貸出は、短期の貸出よりも金利収入が高くないと貸したくありません。

しかし、翌日物金利のような**短期金利を低くおさえた場合、長期固定で借りるよりも短期借入のロールオーバーをつないでいったほうが利息の支払いは少なく、お得感が出ます。そうなれば、10年固定など長期でお金を貸したい人たちは、金利を値引きしなければお客さんが減ってしまいます。**

現在の住宅ローン市場で固定金利よりも変動金利を選ぶ人が多いのも、これと同じ理由です。35年の長期ローンでも変動金利を選択した場合、6ケ月物の安価な短期金利をロールオーバーして35年間つないでいるのと同等です。金利水準が変わらなければ長期固定よりも安価に済むため人気があります。

このように、短期金利をコントロールすることにより長期金利も連動すると説明することができます。

ただし、厳密にいえば、このように短期金利を動かすと長期金利にも影響するという考え方は正しくないとされています。

それでもこのように、短期金利をロールオーバーして長期間借入をするのと長期固定金利を比べるという発想は、インカムゲイン投資の戦略のひとつである、長短金利差を利益にするための基礎知識として役に立つはずです。

※注釈　通常、長期金利は短期金利よりも高くなりますが、先の金利の見とおしによっては逆転したり、長短どちらもあまり変わらなかったりすることもあります。厳密には、長期金利のほうが短期金利よりも高くなる理由は、理論的に説明できるものではなく議論の続いているテーマです。

※注釈　短期金利と長期金利が連動するという考えは正しくない理由　日銀ウェブサイトでは、「**日銀は、短期金利はコントロールできても長期金利を管理下に置くことはできず、長期金利は需給やインフレ期待により決まる**」と説明しています。

POINT 国はどうやって短期金利を動かしているの？

国が短期金利を下げたいときは、日銀が金融機関から国債を買い取り、その対価として資金供給することにより資金を行きわたらせ、借入需要を減らすことにより金利を低下させます。

また、日銀が直接、金融機関に低利で短期資金を貸し出すこと（ロンバート型貸出制度）も行われています。

市場で資金調達するよりも日銀から借りたほうが安ければ、それよりも高い金利で市場調達する金融機関はなくなりますので、結果的に、日銀の貸出レートは短期金利の上限となり、金利の上昇をおさえることができます。

短期金利を上昇させたい場合は、その逆を行い、金融機関に国債をもたせて、その対価として資金を吸収します。

このような仕組みは公開市場操作とよばれており、制度的には金融機関が日銀の思惑どおりに国債の売買に応じるかは任意とされています。

ただし、実際には、金融機関は中央政府とケンカをしたくはありません。強制といえば語弊があるかもしれませんが、日銀と金融機関の「対話」により決まるようです。

償還までの期間が長いとリスクが上がる

この話は、少しややこしいのですが、重要です。

たとえば、みなさんがクーポン3％の債券を100万円分もっていたとします。この債券は1ケ月後に償還の予定です。

つまり、1ケ月後、その債券は満期となり100万円の現金が戻ってくるはずです。

ところが、そんな矢先、突然に金利水準がはね上がり、新発債は15％もの利回りをつけるようになったらどうなるでしょう。

3％しかクーポンのつかない債券を長期でもっているよりも、それを売却して15％の債券に乗り換えたほうがお得です。

しかし、みなさんがもっている債券は、わずか1ケ月後には償還され現金化されますので、それまで待って、その後に15％の債券を買い直しても、1ケ月分の金利収入差額が機会損失として発生するだけで済むため、あまり被害はないといえるでしょう。

そのため、この債券は100万円に近い価格を維持し、大幅に値下がりする理由はありません。しかし、偶然にもっていた債券の償還が20年後だとしたらどうでしょう。

20年間、毎年3％しかもらえないのと、毎年15％ももらえるのでは、まったく投資利回りが変わってきます。

このような場合、多少安くとも、もしくは、大幅に安い価格で売ってもいいので、15％の債券に乗り換えたいと考える人が、証券会社にたくさん押し寄せるはずです。

このように考えると、償還までの期間が長い債券は、金利が上昇すると、その価格を大きく下げることが直感的に理解できると思います。

もちろん、この逆パターンもあり、新発債の利回りが急激に下がった場合、長期にわたって毎年15％を払い出す債券は、すぐに償還を迎えてしまうものよりも価値のある「お宝債券」ですので、残存期間の長いものほど価格上昇率は高くなります。

簡単にいえば、長期債は短期債よりもハイリスク・ハイリターンだということです。

このように、**残存期間とリスク・リターンにはトレード・オフの関係があるため、債券の優劣を比較するときは、同じ残存期間の債券を比較しなければ意味がありません。**

たとえば、「ソニーの1年債は2％の利回りで、トヨタの30年債は3％か。トヨタのほうが高利回りだな」と考えるのは、まったく条件の異なる2つの投資対象を利回りだけで比較していることになり意味がありません。

▼国債は国が破綻しない限り安全とは限らない

いままでの説明をふまえ、日本の金融機関が膨大な国債を保有していることと、日本の利上げが近いことをもう一度、思い出してみましょう。

説明のように、**償還までの期間が長い国債をたくさん保有していると、金利が上がったときに銀行は大損してしまいますので、近年では、長期債を売って平均残存期間２年程度の短期債に乗りかえています。**

このように、個人投資家からは国が破綻しない限りは安全と思い込まれている国債ですが、金利が上昇すると残存期間に応じて価格は下がるため、国が破綻せずとも損が出ることは日常のことです。

とくに、レバレッジをかけて国債などの債券を買うことを考えている人は、債券は安全というイメージとはことなり、株やＦＸと同様にロスカットされることもありますので注意しましょう。

国債が安全なのは、満期まで保有することを前提とした場合だけです。

満期まで保有していればかならず最初に発行された値段で買い取ってもらえますので元本が減ることはありません。

なお、郵便局で売っている個人向け国債は、個人にはここまでの内容を理解できないという想定のもと国が元本保証をしているため、金利が上がっても債券価格が下がらないという、金融理論を逸脱する特別な仕組みの商品なのです。

米ドル建てもある新興国の高利回り国債

銘柄名	iShares J.P. Morgan USD Emerging Markets Bond ETF	ティッカー	EMB
時価総額	51億米ドル	12ケ月分配金利回り	4.49%	経費率	0.60%
コメント	ロシアやポーランドなどの米ドル建て国債を保有		

新興国の債券といえば、ブラジルレアル建てやトルコリラ建て債券を投資信託に仕立てた、いわゆる高金利通貨ファンドが有名です。

10％を越える高利回りを安定して得られるかのようなパンフレットに魅了され、これらのファンドに投資する人は非常にたくさんいます。

しかし、多くの場合、分配金収入よりも為替の変動幅のほうが大きいため「確かに金利はとれたけど、円高で為替差損のほうが大きかった」という、FXと同様のハイリスク商品となっていることは見逃されがちです。

このような為替リスクを避けて、高金利を得られる新興国債券はないのでしょうか。

じつは、**多くの新興国は、自国通貨建てだけでなく米ドル建てでも国債を発行しています。**

次ページの図5の新興国の米ドル建てと現地通貨建て国債利回りの比較を見てみましょう。

図5　新興国の米ドル建てと現地通貨建て国債利回りの比較

利回りは2014年6月27日現在

	米ドル建て利回り	現地通貨建て利回り	現地通貨名
ベネズエラ	11.39%	-	ボリバル
ウクライナ	8.38%	-	フリブナ
パナマ	5.01%	-	バルボア
トルコ	4.61%	8.69%	リラ
インドネシア	4.53%	8.28%	ルピア
ロシア	4.31%	8.37%	ルーブル
ブラジル	3.86%	12.00%	レアル
ペルー	3.75%	5.33%	ヌエボ・ソル
コロンビア	3.62%	6.59%	コロンビアペソ
メキシコ	3.39%	5.66%	メキシコペソ
チリ	3.03%	4.87%	チリペソ
ルーマニア（€）	3.03%	4.60%	レウ
リトアニア（€）	2.32%	2.70%	リタス
ポーランド（€）	2.14%	3.41%	ズロチ

※パナマは9年債、ほかは10年債。€記号はユーロ建て国債発行国。

「トルコリラやブラジルレアルの為替リスクはとりたくないが、米ドルであれば許容できる。新興国の信用に賭けることで高利回りをとれるのであれば、米国債を買うよりもいい」というような場合に、新興国の米ドル建て国債を選ぶことができます。

しかし、新興国は政治や経済の安定度が低いため、突然、何らかの政治イベントにより金融機能が停止したり、クーデターが起きるなど、何が起きるかわかりません。

このような心配はカントリー・リスクとよばれています。

それゆえ、同じ米ドル建て国債でも、新興国の発行する国債は、先進国のものより高い利回りで取引されています。

なお、ギリシャのように国債がデフォルトした場合、**かならずしも国債の価値はゼ**

口になってしまうわけではなく、国の財政状況や政治的な決定により何割かの元本は返還されることもあります。ギリシャの場合、最終的には、既発債は元本の47%に相当する新発の長期債と交換するという決着となりました。国の立場から見れば、53%の債務が減り、長期ローンに切り替えができたことになります。

新興国が米ドル建て債券を発行する理由

日米欧の各国は、ほぼすべての国債を自国通貨建てで発行しています。

北欧のように自国経済の規模が小さい国の中には、米ドルやユーロ建てで発行する国もありますが、基本的に財務が安定している国は自国通貨建てで国債を発行します。

いわゆる普通の国債です。

一方、トルコ、ブラジル、インドネシアのような新興国では、自国通貨建て国債とおもに米ドル建て国債の両方が発行されています。

なぜ、新興国は外貨建て国債を発行する必要があるのでしょうか。

債券を発行する新興国の立場で考えると、買い手から見て為替リスクのない通貨建てで発行したほうが売れ行きがいいこと、また、日本円のような低金利通貨建てで国債を発行すれば利払いが少なくて済むというメリットがあります。

一方、**外貨建て債務は、投資家のかわりに発行国が為替リスクをとっていますので、自国通**

貨安／米ドル高の為替相場となった場合、何もしていないのに発行国の借金が増えるリスクがあります。

たとえば、通貨危機などにより自国通貨が大きく売られた場合、外貨建て債務の返済が非常に重くなり、その不安がさらに通貨安を加速させ、それがきっかけで財政破綻することもあります。アルゼンチンの通貨危機はそのもっとも有名な例でしょう。

POINT ブラジル国債には税金がかからない

タイ、中国、フィリピン、ブラジルなど一部の国の国債には、現地通貨建て、米ドル建てにかかわらず、みなし外国税額控除という制度によりクーポン収入に対する税金がかからないため日本の投資家には税制メリットがあります。

とくにブラジル国債は、プライベートバンクに口座を保有する富裕層を中心に人気を集めていた時期がありました。

なお、みなし外国税額控除の対象となるのは現物国債のみで、国債ＥＴＦには株式と同等の税金がかかります。

債券講座④ 外貨建て投資は国債との利回り差を見る（リスクフリー・レート）

新興国の不動産のように、**現地通貨建てで高利回りをうたう投資については、同じ通貨建てでリスクのない預金や国債などと比べて、どれだけ有利かを考えることを忘れないようにしましょう。**

これは、プロ投資家が投資するときには、最初に考える基本ですが、初心者は気づいていないことの多い重要ポイントです。

たとえば、「トルコにいい不動産投資案件があって、トルコリラ建てで2年間投資してくれれば年利12％は儲かりますよ。日本の不動産を買うよりもいいと思いますよ」という話があったとします。

日本では10％以上の利回りが期待できる不動産はないため、同じ不動産を買うならトルコのほうが有望に思えます。

しかし、ここで考えなければならないのが、「ところで、トルコリラを2年間銀行に預けておいたら、いくらの金利がつくのか」という点です。

じつは、トルコリラを2年間銀行に預けると年利10％の金利がつきます。もちろん、銀行に預けておくだけなのでリスクはゼロで安心確実に元本も金利も払われます。

それに比べて、不動産投資案件は12％ですので、2％の差しかありません。つまり、不動産投資というリスクを取った見返りは、差額のたった2％です。

これでは割に合いません。異国での慣れない不動産投資リスクを考えると、明らかに銀行預金を選ぶべきでしょう。

つまり、この不動産投資案件は、12％もの高金利を支払う案件にもかかわらず、まったく魅力のない投資対象なのです（これは、トルコリラの為替リスクを考えると12％でも割に合わない、という意味ではありません）。

海外には、リスクをとらずとも高い金利を得られる国も多くあるため、国債や預金よりも何％ポイント有利だな。という計算をかならずして、今回の例のように、12％の利回りと聞いたときに、無リスクで取れるのが10％で投資リスクの見返りが2％と分解して考えるくせをつけることが重要です。

なお、無リスクで取れる利回りをリスクフリー・レートといい「この投資案件の利回りは12％、リスクフリー・レート（10％）とのスプレッド（利回り差）は200ベーシス（2％）だ」といういいかたをします。ベーシスとはベーシスポイント（bp）の略で、1％は100bpです。

なお、**無リスクで取れる利回りは、資金が拘束される期間によっても変わってきます。**5年、10年と長期にわたって解約ができない投資案件であれば、その期間と同じ年限の現地通貨建て国債の利回りと比べましょう。

じつは、これは日本円建てでも同じで、資金拘束されるのと同期間の国債利回りと比較してどれだけの超過リターンをとれるのかを考えなければなりません。

しかし、日本人はゼロに近い預金金利になれすぎてしまっているため、このようなリスクフリー・レートとのスプレッドという考え方を、そもそももたない人が多いように思います。

米有名企業の発行する高格付け社債

銘柄名	iShares iBoxx $ Investment Grade Corporate Bond ETF	ティッカー	LQD
時価総額	177億米ドル	12ケ月分配金利回り	3.58%
経費率	0.15%		
コメント	ベライゾン、バンク・オブ・アメリカなど高格付け企業の社債を保有		

国債の次は、企業の発行する社債も見てみましょう。

通常、国家よりも信用のある私企業は存在しませんので、国債よりも社債の信用力は劣り、そのリスクをとった報酬として利回りは高くなります。

また、日本政策金融公庫や米ファニーメイなど、政府が実質的に経営している企業の格付けは国債と同水準となることが一般的です。

倒産しない企業の社債でも、あまり長期のものは債券講座③で説明のとおり金利上昇による価格下落リスクがあることを覚えておきましょう。

信用力のない企業のジャンク債

銘柄名	iShares iBoxx $ High Yield Corporate Bond ETF	ティッカー	HYG
時価総額	135億米ドル	12ケ月分配金利回り	5・72％
経費率	0・50％		
コメント	米スプリントやファーストデータなど低格付け企業の社債を保有		

財務状況のよくない企業の発行する社債のことを通称、ジャンク債、低格付け社債などといいます。

ジャンクにはゴミという意味があります。会社が倒産する可能性も高く、元本が返ってこないかもしれない、紙くずに近い社債という意味合いです。

このように信用力のない企業へお金を貸すのであれば、トヨタやアップルのように信用力のある会社へ貸すよりも高い金利をもらわなければ、貸したくありません。

逆にいえば、あえて信用のないハイリスク企業を選んでお金を貸すことは、高い利回りを生む源泉になります。

しかし、**ハイリスク企業の発行する社債は、本当に紙くずになってしまう可能性も少なくないため、通常は、1社だけに大きな金額を投資することは避け、多くのハイリスク企業の社債を少しずつ保有してリスク分散を図ります。**

このようなハイリスク企業の発行する社債は、ハイイールド債（利回りの高い社債）ともよばれています。

これらの企業の倒産リスクを考慮しても、同じ残存期間の米国債よりも大幅に利回りがいい（米国債との利回り差が十分に広い）と考えるならば、投資を検討してみるといいでしょう。

なお、**ハイイールド債の利回りは、債券発行企業の信用力などを考慮して決定されるため、米国債利回りとの相関はそれほど高くありません。**

そのため、米国が利上げをしたとき、その影響をどれだけ受けるのかを分かりにくいという不確実性も考慮すべきかもしれません。

いまは、米国10年債利回りとハイイールド債利回りとの差が広い（3％ポイント以上）ため、米国債利回りが多少上がっても、ハイイールド債の価格に与える影響は軽微かもしれません。

しかし、さらに米国債の利回りが上がり、ハイイールド債は、信用力の割に国債との投資リターンが大きく変わらないと市場が判断した場合、価格は下落するはずです。

銀行の発行する特殊な債券は高利回り

銘柄名	iShares U.S. Preferred Stock ETF			ティッカー	PFF
時価総額	99億米ドル	12ケ月分配金利回り	6.60%	経費率	0.47%
コメント	HSBC、Ally（旧ジェネラルモータース系オートローン会社）などの優先出資証券を保有				

各国の大手銀行からは、特別な事情により優先出資証券と劣後債という高利回りの債券が発行されています。

優先出資証券は、社債と同じように償還期限とクーポンが設定されており、投資家から見れば社債とほとんど同じ性質のものです。

ただし、銀行が破綻した際は、普通社債よりも残余財産の分配序列が劣後すること、発行者（銀行）の判断により、償還期限を無期限に遅らせることのできる「あるとき払い」が認められている点は普通社債と大きくことなります。

そのため、投資家から見れば、投資した資金がいつ返ってくるのかも分からず、かつ、銀行が破綻した際には価値がゼロになってしまう可能性が高い、高リスクな債券だといえるでしょう。

しかし、このような悪条件にもかかわらず、優先出資証券が多くの投資家に受け入れられ、それほど高い利回りを支払わずとも買い手がついたことには理由があります。

優先出資証券は償還期日を定めないものの、発行から5年後に償還されることを「暗黙の約束」とし、さらに、それを越えても償還しない場合、さらに高いクーポンを支払うペナルティ条項をつけているためです。

これにより、投資家は5年でほぼ必ず償還されることを期待できます。

なお、銀行側は、「あるとき払い」を選べるにもかかわらず、それをしない理由は、暗黙の約束を信じて購入した投資家からの信頼を失うことを気にするためです。

（あまり評判が悪くなると、次に別の債券を発行する際、より多くのクーポンを支払わないと買う人がいなくなるなど長期的には不利になってしまうため市場の評判は重要です。）

このように、残余財産の分配順位が劣後すること、また、償還期日も暗黙の約束により担保されているに過ぎず、保証されたものではないことから、債券の安全性は銀行の財務健全性に大きく左右されるといえます。

そのため、サブプライム危機の際など、銀行の財務状況に懸念があった時期には、非常に高利回りを払い出す（安く売り込まれた）債券でした。

この種の債券のうち、もっとも有名なのは、みずほ銀行が２００９年に発行した14・９５％ものクーポンを払い出す優先出資証券でしょう。

この時期は、サブプライム危機の渦中にあったため、これだけの高い利回りを設定しなければこの債券を買いたい人がいないほど、日本の銀行に信用力はありませんでした。

その後、債券市場は回復し、みずほ銀行の発行した14・95％の優先出資証券も２０１４年６月には無事に償還されました。

劣後債も概《おおむ》ね優先出資証券と同じですが、優先出資証券は銀行の財務が悪くなった際にクーポンの支払いを停止することができるのに対し、劣後債ではクーポンの支払いは義務です。

また、銀行破綻時の残余財産分配は、優先出資証券よりも劣後債が上位であるため、劣後債は優先出資証券よりも幾分か低リスクだといえます。

銀行の自己資本規制が生んだ特別な債券

なぜ、優先出資証券や劣後債では、償還期日は「暗黙の約束」により定めるという不透明な運用がなされているのでしょうか。

白黒をはっきりつけたがる証券市場においてはめずらしいことです。

これは、**バーゼルⅡとよばれる国際ルールに従い、世界の大銀行は、総資産に対して８％以上の自己資本を準備しなければならない**ことに関係しています。

この国際ルールは、リーマン・ブラザーズのように過剰なレバレッジを効かせて大きなリスクをとり、突然に破綻してしまうことを避けるためにつくられたものです。

（バーゼルⅡはリーマン・ショック以前から運用されていましたが、リーマン・ブラザーズは証券会社であり、銀行ではないので規制対象外でした。）

ところで、一般企業の場合、自己資本を充実させるには、普通株を新規発行して新たな資本をよび込むのが定石です。

株を発行した場合、返済義務のない資金として資本充実と安定経営につながりますが、既発株は希薄化し株価下落の原因となるため、できれば避けたいというのが経営陣の本音です。

そこで銀行が目をつけたのが、返済期日を定めない優先出資証券と劣後債です。

通常の債券発行により集めた資金は、期限が来れば返さなければならない単なる借金であるため自己資本とはいえず、バーゼルⅡの規制でも普通社債は自己資本の扱いにはならないのにたいして、**返済期日を定めない債券は、借金とはいえ自分のお金と同じようなものなので、バーゼルⅡの規制では自己資本として計算に入れることが認められていた**のです。

しかし、実際には、5年後に銀行側が早期返済するというオプション（コーラブル・オプション）を行使することが「暗黙の約束」となっている……。

これがこの種の債券が高利回りを払い出す裏事情なのです。

POINT 優先出資証券は株式か債券か

分類を厳密に覚えることにメリットはありませんが、税金の扱いが変わってくることは知っておくべきかもしれません。日本の税務上、優先出資証券の個別銘柄は株式と同じ扱い、劣後債の個別銘柄は債券扱いのため値上がり益は原則非課税、ただし投資信託やETF化されているものは、すべて株式扱いです。株式扱いの証券には、クーポンと値上がり益それぞれに約20％の税金がかかります。

これからの主役は偶発転換社債

銘柄名	ドイツ銀行　米ドル建て偶発転換社債		
ISINコード	XS1071551474	最終利回り	5・84％

銘柄名	仏ソシエテジェネラル　ユーロ建て偶発転換社債		
ISINコード	XS0867620725	最終利回り	6・06％

このように、バーゼルⅡの目指している資本の安定とは裏腹に「暗黙の約束」をすることに

より、実質的には5年後に返済しなければならない借入金（他人資本）を自己資本として計上している状況です。これでは、規制の意味合いは薄いといえるでしょう。

この抜け穴を防ぐために改定されたバーゼルⅢでは、**実質的には借金と大差のない優先出資証券や劣後債は、自己資本として認められなくなりました。**

そのため、今後は旧来のような優先出資証券や劣後債は発行されなくなることが予想されますが、それにかわって新しく考え出されたのが、偶発転換社債（CoCo債）といわれる債券です。

偶発転換社債には、たとえば、銀行の自己資本比率が5・125％を下まわった場合、強制的に元本割れとなったり、その銀行の普通株に転換されてしまう条件がついています。

銀行の財務面から見れば、債券を発行してつくった借金に対して、お金を返すのではなく新株を発行することにより帳消しにできるのは都合のいいことです。

つまり、銀行から見れば財務のいいときには通常の債務として金利を支払い、危機が迫った際にはその債務に支払い義務がなくなるため、偶発転換社債で集めた資金は、銀行の経営状態が悪くなった際には自己資本として十分に機能することが約束されています。

このような仕組みから、偶発転換社債はバーゼルⅢのルールにおいても自己資本として認められています。

２０１３年４月にスペインの銀行から世界初の偶発転換社債が発行された際は、そのリスク・リターンが十分に投資家に理解されていなかったことから人気は薄く、有名金融機関の偶発転換社債でも8％以上の利回りを提示していました。

現在では内容の理解が進んだことと世界的な資金余剰の影響もあり、仏銀行ソシエテ・ジェネラルやドイツ銀行の発行する偶発転換社債は値上がりし、最終利回りは6％程度に落ち着いています（利回りは2014年6月現在）。

POINT

銀行の自己資本とは何ですか

銀行にはジャブジャブお金があまっている、という言葉を耳にしたことがあろうかと思います。

なぜ銀行は、他人に貸すほどお金があまっているのに自己資本の不足を補うために高い金利を支払ってまで偶発転換社債を発行したりするのでしょうか。

じつは、会計ルール上、企業や銀行のもつお金は、自分の資金（自己資本）と他人から預かった資金（他人資本）で明確に色分けされています。

銀行でいえば、株を発行して集めた資金、また、偶発転換社債などは自分の資金として扱われるため、自己資本と呼ばれています。

銀行の仕事は、これらの自己資本を元手に、市民からの預金も使って（市民からお金を借りて）レバレッジをかけ、企業向け貸し出しを行う（投資する）ことをイメージすればいいでしょう。

企業向け貸出残高、保有している国債などは、銀行のもつ財産と考えるより、現在、投資中のポジションだと考えると分かりやすいと思います。

そして、これらの資産へ投資する際のレバレッジ比率を規定したのがバーゼル規制という国際ルールです。

比率を計算する際の分子である自己資本を増やすか、もしくは、分母となる総資産（投資中のポジション）を減らすことにより、自己資本比率を高めることができます。

正確には、銀行の自己資本にはコアTier1、資本保全バッファ、その他Tier1、Tier2があり偶発転換社債は、その他Tier1に計上できます。

バーゼルⅢでは資本項目ごとに必要割合が定められており、合計では総資産に対して10・5%以上の自己資本を保有することが義務づけられています。

債券格付けとクレジット・リスクとは何か

新興国は先進国よりもカントリー・リスクが高いために高利回りであること、また、優先出資証券などは、普通社債といわれる一般の債券よりも信用リスクが高いことを説明してきました。

しかし、世界に数多《あまた》ある債券の安全性を私たち投資家が、ひとつずつ判断していくのは大変なことです。それをかわりに評価してくれる第三者機関の情報を参考にしましょう。

「トリプルA格付け」という言葉は、金融業界以外の人でも聞いたことのあるフレーズだと思います。

このように、発行した債券の信用力を調査してお墨付きを与える会社を、格付け会社といいます。

世界では、S&P、ムーディーズ、フィッチ、そして日本では、格付投資情報センター、日本格付研究所を知っておきましょう。これ以外の格付け機関は存在しないと考えても差しつかえはありません。

格付けを付与してもらうには、企業は格付け機関にお金を払うことが一般的です。

なぜ、企業は、わざわざお金を支払ってまで第三者の評価を得たいのでしょうか。

▼投資適格とそれ未満には大きな壁

これには、いくつかの理由があります。ひとつは、BBB以上の格付けを付与された債券は投資適格とされ、機関投資家やファンドの社内ルール的に購入しても問題ないとされることです。逆にいえば、**BBBを下まわる格付けを得てしまった債券は買えない、保有している場合は売却しなければならない、などの運用ルールを定めている機関投資家が多いため、債券の発行者にとって投資適格の格付けを維持することは重要**です。

ほかにも、投資家から見れば、高格付けの債券は、お金を借りるときの担保として利用できるなど、格付けのお墨付きはさまざまな場面で有利に働きます。

また、債券のリスク評価ではなく、債券を発行する企業自体の安全性を評価する発行体格付けといわれる格付けもあります。

これは、たとえば「日銀は発行体格付けAA以上のJ－REIT銘柄のみを買い入れの対象とする」というような切り分けをするため、日銀に自社株を買い入れてもらって株価を高めたいと思ったら、格付け会社にお金を払い、財務資料を公開して、発行体格付けを取得する必要があります。

これらは、みなさんのビジネスにおいて、入札に参加したり大企業と取引したければ、ISO9001や情報セキュリティ規格の認証を受ける必要があるのと同じことだと考えると分かりやすいかもしれません。

不動産担保ローンの貸し手となり金利をもらう（ＭＢＳ）

銘柄名	iShares MBS ETF			ティッカー	MBB
時価総額	58億米ドル	12ケ月分配金利回り	1.37%	経費率	0.25%
コメント	ファニーメイなど米政府系金融機関の発行するエージェンシー債を保有				

さて、安定した配当収入をもたらすのは、債券ばかりとは限りません。

ＭＢＳ（Mortgage-Backed Securities）は、銀行が不動産担保融資を行った際の貸金契約書に流動性を持たせ、貸し主の地位を転売できるようにしたものです。

ＭＢＳの中でも、とくに住居系不動産（Residence）を担保にしたものをＲＭＢＳといい、日本では、住宅金融支援機構の発行するフラット35などで貸し出した住宅ローンからの返済収入を裏づけ資産としたＲＭＢＳが有名です。

米国では、貧困層向けに貸し出した住宅ローンのＲＭＢＳが予想を大きく超えて焦げついたことがサブプライム危機を招きました。その後、政府による返済保証をつけることにより米国債と同等の安全な債券（エージェンシー債）として米政府系金融機関の組成した住宅ローン債権がRMBS化され売り出されています。

また、商業ビル（Commercial）を担保にしたものをCMBSと呼んでいますが、中の構造はRMBSと同じです。

日本の個人投資家から見るとめずらしい投資対象であるMBSですが、これはどのような仕組みなのでしょうか。たとえば、銀行が個人向けに住宅ローンを貸したとします。

借り手である個人は、35年間、毎月ローンを支払っていくわけですが、お金を貸している銀行から見れば、毎月、元本返済と金利収入を得られる債券のような投資となります。

旧来、銀行は満期までローン債権を保有し、自社で毎月の入金を管理し、繰り上げ返済の依頼があればそれに応じ、焦げつきがあれば損失を計上するというのが住宅ローンの基本でした。

ところが、近年では、**複数人に貸したローンの借用書を詰め合わせにしてRMBSとして証券化し、その住宅ローンから将来的に返済金を得られる権利を市場で転売する**ことも多くなってきました。

この場合、ローンの貸し手である銀行は、借用書を転売することにより、すぐに利益を得ることができ、貸し倒れがあっても銀行に損が出ることはなく、また、総資産を減らすことにもつながります（総資産を減らしたい理由は90ページの「銀行の自己資本とは何ですか」をご覧ください）。

MBSの利回りを計算できれば上級者

一方、MBSの買い手から見れば、毎月、不動産担保ローンの借り手から入金される住宅ローンの返済金が利回りの原資となります。

住宅ローンとして貸し出した資金の戻るタイミングは、一部繰り上げ返済や途中の物件売却による一括返済、貸出金利の上がる10年後に一括返済する（他行へ借り換えする）人が多いなど借り手の事情により、毎月の収入額は変わります。

しかし、このような要素も過去の統計から予測して、図6のようにキャッシュフローの予測をたてれば、クーポンの支払い額が毎月変わる債券と同じですので、債券と同じように市場で売買できるというわけです。

なお、上級者向けの本には「すべての金融商

図6　住宅金融支援機構発行のMBSを100万円分保有した場合のキャッシュフローの例

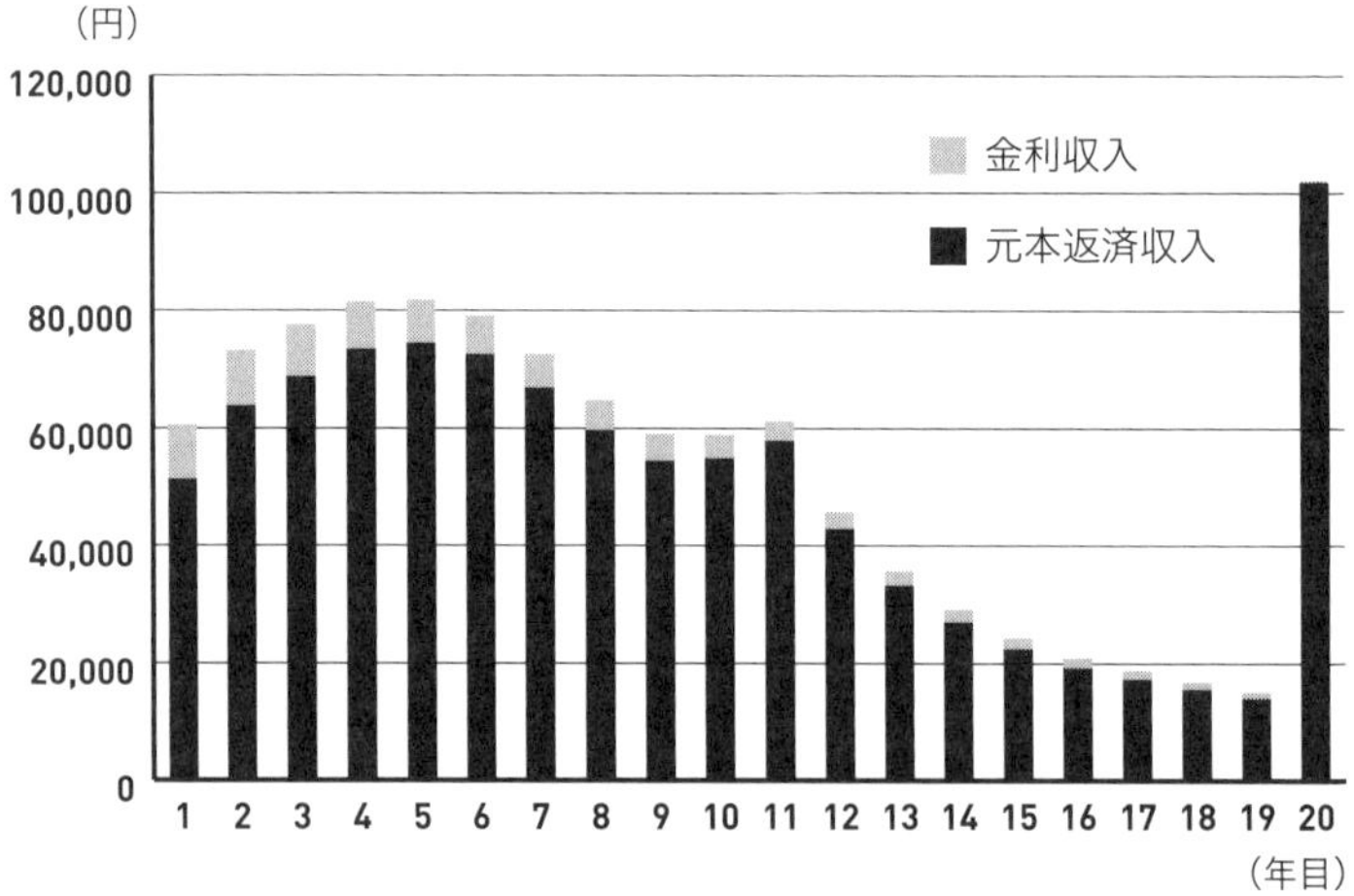

品の価値は、将来キャッシュフローの割引現在価値である」などと難しいことが書かれていますが、図6のように将来的にキャッシュフローを得られる商品があったら、それをいまいくらで買うか？（現在価値はいくらか）というのが、この言葉のもつ意味合いです。

どんな複雑な投資商品でも、結局のところは、いつのタイミングでいくらお金が入ってくるか。それをいまいくらで買えば、どれほどの利回りなのか。それを考えるのがインカムゲイン投資の本質だといえるでしょう。

※データ出典 Bloomberg KIKO 83 1 Mtge

低リターンの債券投資をおもしろくする金融の魔法（CDO）

銘柄名	BKLN PowerShares Senior Loan Port ETF	ティッカー	BKLN
時価総額	72億米ドル	12ケ月分配金利回り	4・05％
経費率	0・65％		
コメント	投資適格に満たない低格付けの銀行ローン債権を保有		

さて、住宅ローンなどは複数の借用書を詰め合わせて証券化し、MBSという名の債券と

なって投資家の手に渡っていることを説明してきました。

ところで、住宅ローンに限らず貸金は、ひとりの人だけに貸し付けると、個人の事情で破産されて貸付金が焦げついてしまうゼロ・イチの勝負となり、ギャンブル性の高い投資となってしまいます。

そのため、**住宅ローンの証券化は、ほとんどの人がきちんと返済をするという過去の統計を頼りに、複数の貸出先への借用書を詰め合わせにしています。大数の法則により貸倒率はほぼ当初予定どおりの水準に収束するため、貸し倒れリスクは低減されるというわけです。**

さて、複数を詰め合わせることで貸し倒れリスクを低減したMBSですが、貸し倒れリスクが少なく安全だということは、利回りも低く、つまらない債券となってしまうのも金融の理論として仕方がないといえるでしょう。

このような、低利回りの債券をおもしろくするために考え出されたのがCDO(Collateralized Debt Obligation)という高度な証券化手法です。

たとえば、とある銀行の発行するMBSには100人分の住宅ローン債権、計50億円分がパッケージされていたとします。

これを3人で資金を出し合って買うことを考えてみましょう。

通常、3人でひとつの投資商品を買った場合、損失は、お金を出した金額に応じて比例配分して負担することになるでしょう。

しかし、Aさんはリスク選好派、Bさんは中間、Cさんはリスク回避派という投資スタンスであった場合、次のような取引が成り立つのではないでしょうか。

BとC「Aさん。投資額に対して利回り10％を払うから、貸し倒れた分のすべてを負担してもらえませんか」

Aさん「10％もらえるならいいですよ。私は10億円を投資したいと思っていますので、10億円までの貸し倒れであれば、私が全額負担します。BさんとCさんに迷惑はかかりません」

Bさん「では、もし10億円を越えて貸し倒れが発生したら、その後は私が負担しましょう。私の投資額は15億円です。つまりは25億円までの貸し倒れであればCさんの資金は傷つきません。当然、Cさんよりは高い利回り6％がほしいです」

Cさん「過去の統計を見るには、50億のうち25億も貸し倒れることはなさそうですね。私の投資は安全です。ならば1％の低利回りでもいいですよ」

このようなリスクの分け方を優先劣後構造（トランシェ）といいます。

ただし、これらの利回りは、ＭＢＳ全体の利回りをリスク負担に応じて、重みをつけて切り分けているだけですので、トランシェに分けたからといって全体の利回りが上がるわけではありません。

図7　CDO とトランシェの考え方

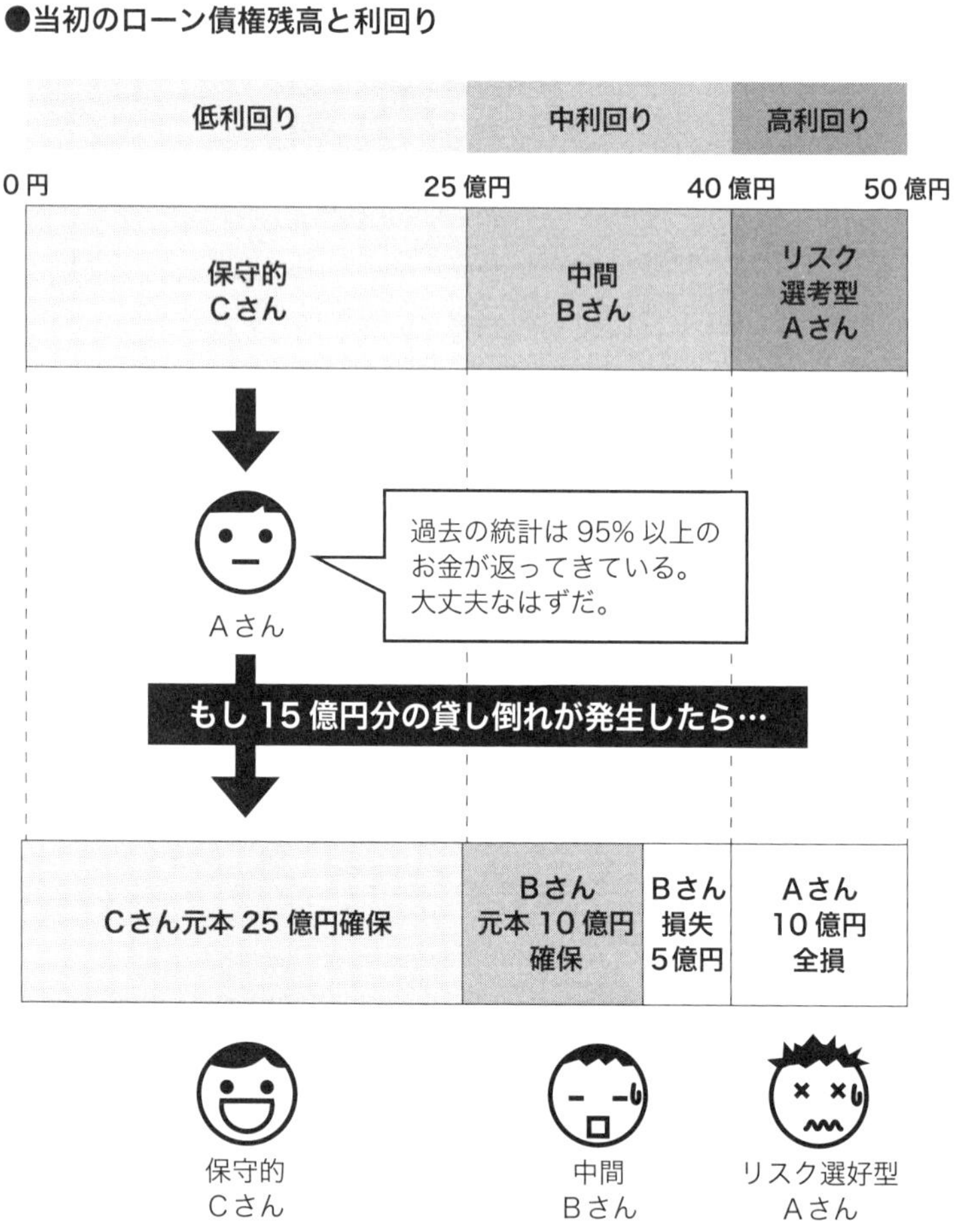

●当初のローン債権残高と利回り
低利回り
中利回り
高利回り
0円
25億円
40億円
50億円
保守的
Cさん
中間
Bさん
リスク
選考型
Aさん
過去の統計は95%以上の
お金が返ってきている。
大丈夫なはずだ。
Aさん
もし15億円分の貸し倒れが発生したら…
Cさん元本25億円確保
Bさん
元本10億円
確保
Bさん
損失
5億円
Aさん
10億円
全損
保守的
Cさん
中間
Bさん
リスク選好型
Aさん

サブプライム危機の引き金となったCDO

さらに、Aさんが購入したような（貸し倒れがなければ）10％もの利回りを得られる部分だけを、多くのMBSから買い集めてくれれば、大数の法則によりリスクを分散して高利回りファンドがつくれてしまう楽しみもあります。

そして、これにレバレッジをかけて購入すれば20％、30％もの高利回りを得ることも夢ではありません。

このような儲かる投資法を米系投資銀行が放っておくはずもなく、**米住宅バブルのときには破産したベアスターンズ、リーマン・ブラザーズなどの証券会社が、サブプライム層向けの住宅ローンをトランシェに分けたCDOを組成して売り出しました。**

そして、その高利回りに魅せられ、CDOの意味をよく分かっていない投資家を含め、たくさんの機関投資家が購入することになりました。

この後、予想を超えた貸し倒れが発生し、Aさんも、Bさんも出資分を全損、安全であったはずのCさんの出資分まで危ぶまれることになりました。

これらの商品の安全性は高いと考え、高いレバレッジをかけて購入していた投資家も大損するという大事件につながったのがサブプライム危機の舞台裏です。

FRBイエレン議長も警鐘、高リスクのCLO投資

銘柄名	Oxford Lane Capital Corp.	ティッカー	OXLC
時価総額	2億米ドル	12ケ月分配金利回り	14・00%	経費率	8・38%
コメント	CLOと呼ばれる優先劣後構造ローンの劣後部分を集めて保有		

近年では、このような不動産担保のCDOと同じ仕組みで、信用力の低い法人向けローンをトランシェに分けたCLO（Collateralized Loan Obligation）とよばれる商品も上場しています。

CLOには5～10倍ほどのレバレッジがかかっていることもあり、これは、サブプライム危機の際に問題となったローン商品とまったく同じ商品構造です。

そのため、米FRBイエレン議長も、この手のローン債権投資には警鐘を鳴らしていますが、高利回りの投資先が少ない昨今の市場環境のなか、危険を承知で高い分配金をねらいにいくリスク選好型の投資家から注目を集めています。

国や会社の破綻に賭けるCDSも投資対象に

銘柄名	ProShares CDS North American HY Credit ETF	ティッカー	TYTE
時価総額	600万米ドル	12ケ月分配金利回り	執筆日現在では不明
経費率	0.5%		
コメント	北米地域の低格付け企業のCDSプロテクションを買い建てる。売り建てもあり。		

もうひとつ、個人投資家にはなじみの薄いインカムゲイン投資商品を紹介しましょう。

CDS（クレジット・デフォルト・スワップ）は、国や企業の倒産保険のような金融商品です。保険の買い手は、対象企業などが破綻と認定されると、ISDAという国際機関の定めた料率に従い、元本に料率を掛けた保証金を保険の売り手より受けることができるためリスクヘッジ商品として利用できます。

また、保険の売り手は保険料収入というインカムゲインを得られるため、プロ投資家のあいだでは債券と同じように利用されています。

なぜ、保険と債券が同じように利用されているのでしょうか。ギリシャのCDSを例にとって説明しましょう。

ギリシャの破綻を心配する人はCDSを購入して保険料を支払います。このCDS保険は5

年間のうちにギリシャが破綻した場合に保険金を受け取れます。

加入するには2種類の費用を支払う必要があります。アップフロントといわれる初回のみ支払う保険加入料と、年間保険料にあたるクーポンです。

年間保険料の支払いは元本の年間1％で全期間固定です。一方、保険加入料はギリシャの信用力が下がれば値上がりします。

保険加入料が安いうちにCDSを購入し、後日、ギリシャの信用不安が高まり保険加入料が高騰したところに高値で保険加入権を転売することもできます。

保険の売り手から見たCDSは債券と同じ

さて、次ページの図8を参考に、CDSの売買を保険の売り手の立場でもう一度見てみましょう。

CDSは保険の売り手から見れば債券と同じようなキャッシュフローを得られる投資対象となります。 想定元本1億円の契約を例に考えてみましょう。

CDSにも債券と同じようにクーポン（破綻保険料の受け取り）が設定されていますので、ギリシャCDSの売り手は想定元本に対して毎年1％（100万円）のクーポンを5年間受け取ることができます。

本日のギリシャCDSの売買価格は481bp（4・81％）と提示されていますが、これ

図8　CDSのキャッシュフローは債券と似ている

●ギリシャCDSを債券と同じように考えてみると

購入価格	1年目	2年目	3年目	4年目	5年目	最終利回り
−83.4	1	1	1	1	101	4.81%

●ギリシャCDSの売り手が得る実際のキャッシュフロー

価格	1年目	2年目	3年目	4年目	5年目
16.6	1	1	1	1	1

※実際のお金のやりとりは、償還価格である100から現在価格を差し引いた差額のみ受け渡すため、　この例では、100-83.4=16.6を、はじめに保険加入料として支払い、その後、毎年1の保険料を支払う

は、破綻イベントが発生しなかった場合に、保険の売り手が受け取れる（想定元本に対する）保証料の最終利回りです。

このように考えれば、5年間、毎年1％のクーポン収入があり、満期には1億円（額面の100％）で償還され、最終利回りが4・81％の債券と同じようにみなすことができ、そこから逆算すると、売買価格は83・4と計算できますので、このように計算されたCDS価格をもとに売買を行います。

さて、ここで**CDSが債券と大きく違い、その商品性を特徴づけているのは、FXと同じように差金決済であることです。**

そのため、保険を買うにも売るにも大量の資金を投入する必要がなく、元本はあくまで想定元本であることです。

そのため、ほとんど元本を投下せずに1億円の債券を買ったのと同じように利回りを得られるポジション、もしくは1億円の債券を売ったのと似たようなポジションをとることができてしまいます。

保険を売る契約は、ほとんど手元資金を投入せずともキャッシュフローを得ることができますので、フィックスト・インカムファンドなどはこれを活用して分配金利回りをさらに高めることもできるでしょう。

一方、ギリシャの信用力が低下するとCDS価格は下落しますので、その分の損失を被ることになり、その損失額はレバレッジが効いている分、大きなものとなるリスクが潜んでいます。

サブプライム危機の際には、AIGがこの手の保険を大量に売っていたため、同社が破綻してしまうと債券のリスクヘッジとして保険を買っていた金融機関も同時に破綻し、世界中が大混乱に見舞われるとの判断からAIGは救済されたともいわれています。

また、**CDSは、この例でいえばギリシャの許可を得ずとも、ギリシャ国債を保有していなくても、買い手と売り手さえマッチングすれば無制限にポジションを増やしていくことができてしまう**ため、実際に破綻イベントが発生した際の被害は、大きなものになる傾向にあります。

さて、このようなCDS価格に連動するETFが2014年8月新たに上場しました。

個人にもCDSのような、伝統的な資産とはひと味違った投資のできる環境が提供されたのは歓迎すべきことでしょう。

知識の幅を広げることは投資商品の幅を広げることにもつながります。ぜひ、新しい投資商品CDSを理解してみてください。

POINT 差金決済の考えかたに慣れよう

結局のところ最後に同じ結果が得られるのであれば、FX取引などと同じように元本全額を交換せず、受渡日の現物価格との差額のみを精算するだけで済ませる差金決済が成り立つことは、金融市場の仕組みを理解するうえでは非常に重要な考えかたですので、あわせて知っておきましょう。

債券講座⑥ 最終利回りとIRR

さて、債券は、クーポンとして設定された毎年の金利以外にも、債券自体の値上がり益も含めて最終利回りを計算しなければならないこと、投資家から見た投資リターンは、クーポンではなく最終利回りであること、償還までの期間が長いと金利変動に対して債券価格の変動が大きいことなどを説明してきました。

ここでは、いくつかの投資商品を例に挙げて、投資利回りについて、より深く理解してみ

図9　IRRと最終利回りを直感的に理解するために

	初期投資	1年目	2年目	3年目	4年目	5年目	IRR (=最終利回り)	キャッシュフロー総額
投資A	−100	6	6	6	6	106	**6.00%**	30
投資B	−100	0	0	0	0	133.9	**6.00%**	33.9
		(106.0)	(112.4)	(119.1)	(126.3)	(133.9)		

投資A　毎年6%の分配金がもらえる投資

投資B　分配金は出ないが毎年6%複利（毎年1.06をかけ算）で元本が増えていく投資

どちらもIRRは同じ6.00%であることを基準に、さまざまな投資案件を比較しよう

たいと思います。まずは、図９を見てください。

本来、最終利回りやＩＲＲを自分で計算するには非常に複雑な計算式が必要なのですが、かわりに、次の２つの投資を比較することにより、直感的にその意味合いをつかんでみましょう。

投資Ａは、最初に１００を投資して、毎年６％の分配金を得て、最後に元本の１００が再び戻ってくる投資です。投資Ｂは、保有期間中に分配金が出ないかわりに、毎年６％複利（毎年×１・０６倍）で元本が増えていきます。

最終利回りは、どちらも６％です。

さて、５年間のキャッシュフロー総額は、３０と３３・９で投資Ｂのほうが有利に見えますが、なぜどちらも同じ利回りなのでしょうか。

それは、投資Ａは、分配金が毎年出るため、その分配金でふたたび同じ利回りの債券を買えば、そこからもクーポンが得られ、その**再投資から発生するキャッシュフローも含めれば、5年後のキャッシュフロー総額はどちらも、ぴったり同じになる**ためです。

では、それをふまえて次の例を見てみましょう。

インカムゲイン投資を代表する**計5商品のキャッシュフローと最終利回り（不動産投資では最終利回りのことをIRRとよびますが意味合いはまったく同じです）**を比較しました。

▼東京の不動産vs高利回り債券（資産の値上がりを利回りとして計算する）

東京の不動産は毎年6％の賃料収入を得られ、10年後にはインフレや好景気による値上がりが見込まれ100で購入した物件を150で売却できる前提です。

賃料収入と債券のクーポンは、いずれも保有期間中に入ってくる収入ですので、同じ意味合いだと考えてください。

一方、高利回り債券は、クーポンは8％と不動産よりも高利回りですが、償還時に値上がりはありません。

比較してみると、単年度の利回りは低くても値上がり益の得られる東京の不動産に投資妙味があるとの計算結果になりました。

このように、**購入価格と売却価格がことなる投資案件に投資する場合、単年度利回りだけを見て判断せず、投資資産の値上がり（値下がり）も利回りとして考慮する**必要があるとい

図10　さまざまな投資対象のIRRを計算して比較する

各資産の投資条件	購入価格	クーポン利回り	運用年数	売却価格	特徴
東京の不動産	100	6%	10年	150	10年後には好景気で値上がり
高利回り債券	100	8%	10年	100	一般的な債券への投資
レバレッジをかけた低利回り債券	100	5%	10年	100	自己資金20%のみ、残り80%は金利1%で借入
10年で2倍になる投資案件	100	ゼロ	10年	200	クーポンは出ないが10年で2倍に
20年で3倍になる投資案件	100	ゼロ	20年	300	クーポンは出ないが20年で3倍に

各資産のキャッシュフロー	初期投資	1年目	2年目	3年目	4年目		償還日	IRR	マルチプル※2
東京の不動産	−100	6	6	6	6		156	9.3%	2.1
高利回り債券	−100	8	8	8	8		108	8.0%	1.8
レバレッジをかけた低利回り債券※1	-20	4.2	4.2	4.2	4.2		24.2	21.0%	3.1
10年で2倍になる投資案件	−100	0	0	0	0		200	7.2%	2
20年で3倍になる投資案件	−100	0	0	0	0		300	5.6%	3

※1　レバレッジをかけた低利回り　債券のキャッシュフロー4.2は、クーポン収入5ー借入利息支払い0.8、による

※2　マルチプルとは、当初投下資金と全期間で得られるキャッシュフローの比率。すなわち、投下資金が何倍になって戻ってくるかを示す指標

えます。

売却価格が相場に左右される不動産投資、最後に資産価値がゼロになってしまう太陽光発電などに投資する際には、この考え方を念頭に置きましょう。

▼高利回り債券vsレバレッジをかけた低利回り債券（低利回り資産もレバレッジで高利回りに）

同じ投資をするならば、低利回りよりも高利回り債券に投資をしたほうがいい。これはもちろんのことなのですが、もし、レバレッジの効かない高利回り債券とレバレッジ5倍で投資できる低利回り債券があった場合、**拠出した自己資金から見た利回り（ROEやIRR）は、低利回りの高レバレッジの資産に軍配があがることもある**という例です。

もちろん、レバレッジにはリスクもありますが、低利回りの投資案件も料理の仕方次第でおもしろくなる可能性を秘めているといえるでしょう。

このような考えかたの必要な投資対象としては、借入を起こして購入する債券や不動産、モーゲージＲＥＩＴ（詳しくは２１８ページ）が挙げられます。

▼10年で2倍と20年で3倍はどちらがお得（長期間を要する投資は魅力減）

最後に、10年で2倍になる投資と20年で3倍になる投資を比較してみましょう。

3倍にもなるのであれば20年待つという人も少なくないと思いますが、計算上は10年で2

倍が有利であり、資金の増加量が多い投資でも投資期間が長期にわたる場合は利回り低下要因となるため注意が必要です。

しばしば、**「海外のヘッジファンドに投資したら資金が2倍になった」などという自慢話を耳にしますが、そのような場合、どれだけの期間がかかったのかも聞かなければ、それが本当にいい投資だったのかは分からない**ということでもあります。

なお、「10年で2倍」という響きは、購入に値すべき高利回りに聞こえますが、実際は最終利回り7・2%の債券を10年もち続けたのと同じ投資成果（110ページの図10の10年で2倍になる資産へ投資した場合のＩＲＲ7・2%より）ですので、驚くほどの利回りではないはずです。

仕組債には、このような長期の資金拘束を前提とした高利回りを提示する商品も多くあります。

表現の妙に惑わされることなく、真実を見る目を養うことが、いい投資商品を見極めるためには必要です。

このように複雑なキャッシュフローを生み出すさまざまな投資対象を比較する際にＩＲＲは非常に便利です。

そして、計算された最終利回りを直感的に理解するには、１０８ページの図９の投資Ａ、投資Bのようなシンプルな形の投資と比べて「この債券は、クーポンは多いけど、最後に元本が減ってしまうから、毎年5％複利で5年間運用するのと同じ投資効果なのだな。じつは、あまり高利回りではないかもしれない」などと考えるといいでしょう。

不動産投資など債券以外の投資では、IRRを計算すれば、その投資のはじめから終わりまでの全体を考慮したときの本当の利回りを知ることができます。

さまざまな投資対象のIRRを比較すれば、不動産と債券など、ことなるアセットクラスの投資妙味を同じ尺度で比較できるといえるでしょう。

なお、**個人投資家の場合、アセットクラスにより税率は大きく異なりますので税引後のIRRを比較**しましょう。

※注釈　ここで紹介した各投資商品は、あくまで計算上のサンプルであり、債券よりも東京の不動産、また、低利回り債券の高レバレッジ投資を推奨するものではありません。

WORD **アセットクラス**
株、債券、不動産など、投資対象の種別の大分類のこと

Chapter 3

債券へ投資するファンドの秘密

豪ドル建て元本確保型ファンドは安全か

日本の個人投資家のあいだでも、香港やＢＶＩ（ブリティッシュ・バージン・アイランド／英領のオフショア地域）などの金融機関で取り扱っている、豪ドル建て元本確保型ファンドが話題になっています。

投資金の払い込みは豪ドル建などの高金利通貨建てでなければなりませんが、たとえば、１００万豪ドルを預ければ、10年間その資金を積極運用し、仮に、その運用で損をしても10年後には最初に出した１００万豪ドルが必ず全額返金されるというものです。

これは、個人投資家がファンドを買わない理由である「損をするかもしれない」という断りの口実をふさぐという点で非常に訴求力の高い商品だと思います。

実際、世界的にもこの種類の商品は非常に人気があります。しかし、利益追求型の投資商品には必ずリスクがあることは説明するまでもありません。

この商品のリスクとは何でしょうか。

「豪ドル／日本円の為替リスクかな」と思った人も多いかと思いますが、このファンドは、とくに日本人向けにつくられたわけではなく、オーストラリア人でも投資できますので為替リスクは問題ではありません。

では、絶対に元本を減らさない、リスクを取って資金を増やす、という矛と盾、相反する2つの課題をどのように両立させているのでしょうか。

元本確保型ファンドの仕組み

結論的には、元本を減らさずに積極運用を行うことは可能であり、**ゼロ・クーポン債とよばれる商品を利用することにより元本確保型ファンドは成り立っています。**

たとえば、現在の豪州では、格付けＡＡＡの政府系金融機関「ビクトリア州財務公社」の発行する期間10年のゼロ・クーポン債が62（最終利回り4・3％）という価格で売られています。

このゼロ・クーポン債は、文字どおりクーポンをゼロとするかわりに、いま62万豪ドルで債券を購入すると毎年少しずつ値上がりし、10年後にはかならず１００万豪ドルになって返ってくることの約束された債券です。

この意味は債券講座⑥の投資Bと同じと考えてください。

さて、100万豪ドルを10年間運用する元本確保型ファンドが、はじめにビクトリア州財務公社のゼロ・クーポン債を62万豪ドル分購入すると「おつり」は、38万豪ドルです。

元本確保型ファンドは、ゼロ・クーポン債を購入したおつり（38万豪ドル）を株や債券、商品などへ積極投資して運用益の獲得を目指しているだけなのです。

意味合いとしては10年分の金利を先取りして積極運用にまわしていると考えると適切でしょう。

ここでポイントは、仮にこの38万豪ドルの運用に失敗してゼロになってしまったとしても、10年後には100万豪ドルになって戻ってくるビクトリア州財務公社のゼロ・クーポン債をもっていますので、投資家には100万豪ドルをそのまま返金することを約束でき、元本は確保されることです。

さらに、おつり38万豪ドルをうまく運用して増やすことができれば、ゼロ・クーポン債の償還により得られる100万豪ドルに加え、運用益を投資家に払い戻すことができます。

このような仕組みにより、元本確保と積極運用を両立できています。

元本が確保されていても損をするリスクあり

さてさて、そんなうまい話があるのでしょうか。

そんなにいい話であれば、世界中のプロ投資家も元本確保型ファンドに投資するのではないでしょうか。

もちろん、このファンドも金融の理論に従いトレード・オフがあり、何かが犠牲になっています。

それは、100万豪ドルを10年間投資するのであれば、先の豪ドル建て政府系金融機関のゼロ・クーポン債にはじめから全額を投資しておけば、10年後には161万豪ドルまで確実に増えることが見落とされている点です。

つまり、元本確保型ファンドに投資して、10年後にプラマイゼロで投資金が戻ってきてしまった場合、本来、無リスクで得られるはずであった10年分の金利、61万豪ドル（ゼロ・クーポン債の償還価格161万－当初出資の100万豪ドル）を取り逃したのと同じ意味合いです。

金利の低い日本円ならば、10年間預けて無利子でも損した気分にはなりませんが、金利の高い通貨は、長期にわたりお金が増えていないことは減っていることと同じ意味合いをもちます。

このように、個人投資家の気づきにくい潜在的なリスクをとっていることが、相反する矛盾を両立できる理由です。

図11　元本を確保しながら積極運用できるファンドの仕組み

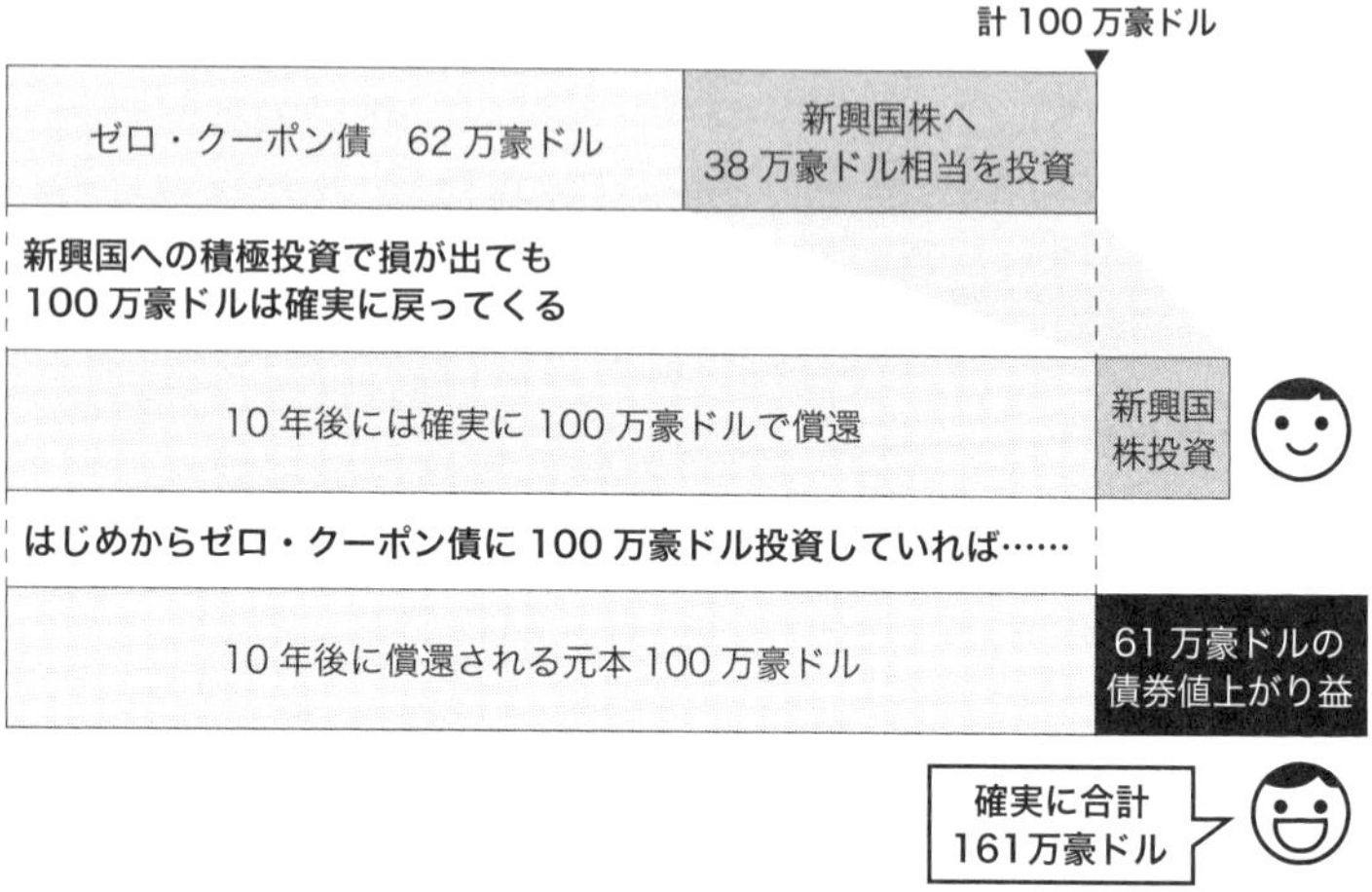

そして、ここまでを理解した人ならばお気づきのとおり、このようなファンドに依頼せずとも自分で元本確保型の投資をすることもできます。

元本確保のためのゼロ・クーポン債と、積極運用のための新興国株ETFなどを自分で個別に購入すればいいのです。そのほうが、ファンド手数料のかからない分だけ利回りは高いかもしれません。

※注釈　通常、高金利の国ではインフレ率も高いため、10年ものあいだ、金利がつかないとインフレに負け、お金の価値は目減りしますが、近年の豪ドルは、オーストラリアの高い信用力を背景として安定した価値を保っていることから、インフレに負けての目減りは避けられたようです。

※注釈　外貨建てゼロ・クーポン債の値上がり益には日本国内において税金がかかります。

太陽光発電は本当に高利回りか

近年、話題に上がることの多い太陽光発電への投資は、アベノミクスの成長戦略でも注目されている新しいインカムゲイン商品のひとつです。

地方の山林部に5000坪ほどの土地を借り、その上に1メガワットの太陽光パネルを設置します。パネル費用は2・7億円ほどかかりますが、その後は、年間300万円ほどの借地料と少額のメンテナンス費用のみで、20年間、毎年4000万円分の電力を発電して売電することができます。

また、太陽光パネルへの初期投資は、全額を当期一括損金とできることから、本業が好調な中堅企業の節税商品としても注目を集めています。

さて、太陽光発電のキャッシュフローはゼロ・クーポン債とまったく逆です。

121ページの図12のように、最初に大きな初期投資が必要となり、毎年の税引後キャッシュフローは非常に大きいのですが、最後に元本はゼロになってしまいます。

太陽光発電に使う土地は借地であることも多く、20年経てば設備を撤去して土地を返さなければならない契約となっているためです。

借地でなくとも、ほとんどの人は、20年前に設備した旧式の太陽光パネルにメンテナンス費用を払いながら使い続けることには経済合理性がないため廃棄するという想定で考えていますので、いずれにしても最終的には元本がゼロになる投資です。

太陽光発電の利回りは単年度利回りだけを見ないこと

ここで最低限、知っておくべきは、**太陽光発電は単年度の税引後利回り9・3%など、不動産や債券よりも高利回りに見えますが、最後に元本が返ってきませんので、同じ利回り9・3%でも、その意味合いはまったく異なる**という点です。

不動産も債券も、何年かあとには購入時と大差ない価格で売却できて、最後にまとまったお金が戻ってくるわけですから、この違いを考慮して利回りを比較しなければ意味がありません。

直感的な理解を助けるために補足すると、仮に太陽光発電設備が毎年5%の利回りしか生まないとするならば、20年で得られるキャッシュフロー合計は初期投資額と同額です。つまり、最初に投下したお金が20年の分割払いで戻ってきているだけで、まったく増えていません。

これを「5%の利回り」と考えるのはおかしいことが理解できると思います。

太陽光発電は、9・3%もの高いクーポンを支払うものの、最後には会社が破綻して元本の返ってこない債券と同じと考えれば分かりやすいでしょう。

図 12 太陽光発電の税引き後キャッシュフローの例

初期投資	1年目	2年目		17年目	18年目	19年目	20年目	IRR	IRR（3%で再投資）	マルチプル
-27,000	2,500	2,500		2,500	1,700	1,700	1,700	6.4%	4.5%	1.76

単位：万円

単年度利回りは 9.3% と高利回りだが最後に元本は返ってこない

※各年のキャッシュフロー 2500 万円は、約 4000 万円の売上げから経費と法人税等を差し引いたものです。18 年目以降は定額法減価償却がなくなるため税金支払いが増えキャッシュフローが減ります。
※実際には、各種費用を考慮する必要があり、図はかならずしも太陽光発電事業の典型的な収支を説明するものではありません。

そのような投資対象は魅力的なのでしょうか。図12のように計算してみると、じつは単年度利回り9・3%よりも大幅に低い6・4%のIRRにしかなりません。

さらに、太陽光発電は、投資を開始してすぐの段階から大量のキャッシュフローが発生します。

IRRの考えかたでは、払い出されたキャッシュフローは同じ利回りの投資対象に再投資して複利で運用する想定ですが、実際には、同じ利回りの太陽光発電投資へ再投資することは困難ですので、現実のシナリオとは乖離した、高いIRRが提示されやすいことも知っておくといいでしょう。

仮に、売電収入で得たキャッシュフローを同利回りの太陽光発電に再投資することは不可能で、年間3%複利でしか運用できなかったとすると、IRRは4・5%まで低下します。

太陽光発電では、早い段階から大量にキャッシュを得られますので、その使い道により、利回りに大きく影響が出るといえるでしょう。

レバレッジをかけた投資には最適だが高値で買っては意味がない

もちろん、単年度利回りよりもＩＲＲが低いからといって悪い投資案件とは限りません。太陽光発電はキャッシュフローが安定しているため、レバレッジをかけての投資には適しています。

安価に借入を起こして投資できる案件を見つけることができれば、低リスクで高利回りを生む可能性は十分にあるでしょう。

ただし、近年では、太陽光発電に適した土地を斡旋するブローカーが高額な手数料を徴収することが多く、価格は上昇傾向です。

グリーン投資減税を考慮しても、なお、利益の出ない価格設定のされた案件も見かけるようになりました。

太陽光発電を節税目的ではなく、いくらかの自己資金と借入金を合わせ、純投資としてはじめるならば、年度ごとに税引後キャッシュフローを試算してＩＲＲを計算するなど、綿密な利回り計算をするようにしましょう。

カンボジアの米ドル建て銀行預金で年利6%は高利回りか

近年、すでに割高感のある新興国よりも、その周辺にあるフロンティア諸国といわれる未開の国々に投資機会があるとする第2次新興国ブームが起きています。

その中で、日本の個人投資家から注目を集めている国のひとつがカンボジアです。

鳥取県のおよそ2分の1の経済規模といわれる小国のため、大手企業の参入はまだ少なく、一番乗り感があること、また、カンボジアでは現地通貨とならび米ドルが流通していることから、現地通貨の為替リスクをとらずにフロンティア国の経済成長に賭けられることが人気を集めています。

そして、カンボジアのダイヤモンド・アイランド地区に新築ラッシュのマンションへ投資するのはリスクが高いと考える日本の個人投資家に人気なのは、現地、プノンペン商業銀行の提供する、米ドル建てで6%もの金利を支払う定期預金です。

米国本土の銀行へ預金しても0・65%ほどしか金利がつかない中で、同じ米ドル建てで6%の定期預金は高金利に見えます。

これはどのような仕掛けになっているのでしょうか。

結論的には、**カンボジア国家に今後、何が起こるか分からないというカントリー・リスク、銀行が潰れるかもしれないというクレジット・リスクの双方をとっていることが高金利の源泉**です。

ムーディーズによるカンボジアの外貨建て短期銀行預金格付けはNot Prime、同長期はB3となっており、投資適格とされる水準を6ノッチ（6段階）下回り、非常に投機的と格付けされています。

しかし、日本の個人投資家には、定期預金＝安全というイメージが強いため、試しに少額を預金してみようとする人が多いようです。

これは、金融の理論的には、カンボジアの現地銀行が発行する「非常に投機的」と判定された債券を購入しているのと同じポジションをもっていることになります。

カンボジアに出向いた個人投資家が見た広告に、預金ではなく投機的債券という文言が使われていたならば、もう少し慎重にリスクを考える人が多かったのではないかと思いますが、預金という言葉のもつ安全なイメージが、リスク感覚を鈍らせたのかもしれません。

同程度の利回りで米ドル建て社債を探せば、投資適格級の社債はたくさん見つかりますので、カンボジア現地銀行の格付けやリスクを考えるとお得感はありません。

なお、日本人がカンボジアに普通預金をつくって金利を得た場合、14％の源泉税を現地で徴収され、厳密には、日本でもその利子所得を申告する必要がありますので、日本の税務署に対して追加で約6％の納税義務が発生します。

※データ出典　カンボジアの格付け　Bloomberg 32578Z US　2014年5月28日現在

債券ETFは分配金ではなく保有債券の最終利回りを見よう

債券へは、ETFや投資信託を通じて投資することもできますが、ファンド経由で債券投資を行う場合、必ずファンドが保有している債券の内訳、また、ファンドへ支払う手数料を確認する必要があります。

ある日本の債券型投資信託を例にとって説明してみましょう。

1兆円以上の資金を集める、この巨大投信は、世界の国債を為替ヘッジなしで購入しています。

信託報酬は年間1・35％です。世界のファンド時価総額上位200銘柄の平均年間経費0・51％と比較すると割安感はありませんが、単純な手数料率の比較ではなく、もう少し中身を見てみましょう。

この投資信託の開示資料をみると、保有債券の平均最終利回りは2・2％、加重平均残存期間は6・1年となっています。

つまり、この投信を保有することにより期待できるインカムゲイン収入は、年間2・2％のみです。

それにもかかわらず、手数料は1・35％も徴収されており、インカムゲイン収入の半分以上を手数料として差し引かれているのです。

さらに、この投信の基準価格変動要因を見ていくと、クーポン収入と債券価格変動の合計が投信の価格変動に与えた影響は110円、為替の変動による影響は161円とあります。

投資家は「為替の影響も多少は受けるが、基本的には債券を保有するための投信」だと期待して買っていると思いますが、じつは、投信の価格変動の6割は為替によるものでした。

このように中身を分解していくと、**債券から上がるインカムゲイン利回りは、その半分以上を信託報酬としてとられてしまい、投資家は、為替と債券価格の変動に賭けているのがこの投信の中身**だといえるでしょう。

「債券から生まれるクーポンで安定運用しているかと思ったら、じつはほとんどが為替変動へ賭けているだけだった」ことを認識していれば、この投信を買わない人も少なくなかったでしょう。

※データ出典　世界のファンド時価総額上位200銘柄の平均年間経費 Bloomberg FSRC をもとに筆者計算

ファンドの内容が自分の想定と違っていないかをチェック

ファンドに資金を預ける際、もっとも避けなければならないのは、そのファンドのとっているリスク・リターン（エクスポージャー）が自分の想定しているものと違っていることです。

このような思い違いによる投資は、自分の投資ポジションが何なのか自分でもよく分からないということですので、分散投資の有効性を低減させ、非常に残念な結果を生むことになる可能性が高いといえます。

このような勘違いを避けるため、ETFも投資信託でも、**ファンドの名称や分配金だけで判断せず、保有銘柄の一覧をチェックして、実質的に何に投資していて、保有資産がいかほどの利回りをあげているのかを調べることが重要**です。

さらに、債券型ファンドの場合、低格付け債券や残存期間の長い債券など、リスクの高いものを多く保有すれば高い分配金を出せる仕組みになっているため、最終利回りが高いことだけを頼りにファンドを選ぶのは危険です。

安全に見える銘柄ばかりしているのに利回りが高かったり、分配金20％など「それなら人に売らないで自分で買えばいいのでは」と思うようなファンドには必ず仕掛けがあると考えましょう。

コラム

毎月5万円の積み立てで25年後に1億円になるというオフショア積立は本物か

最近、このような積立投資が個人の間で流行しています。

考え方としてはドルコスト平均法の長期運用ですが、結論を先にいえば、**オフショア積立保険はもっとも買ってはいけない投資商品のひとつ**です。

これらのファンドの構造を理解して、どこがおかしいのかを考えてみましょう。

次に例として挙げるファンドは特定の投資商品に対するものではなく一般論ですが、概ねこの業界の特性を説明できていると思います。

▼オフショア積立保険とは

ファンドを販売する保険会社は、英国、香港などに籍を置くまっとうな大企業です。

ファンドの販売は、香港、シンガポールなどのＩＦＡと呼ばれる代理店に委託されており、日本国内で営業している人たちは、それら代理店のさらに代理です。

このように集められた資金は、ＩＦＡの判断により、保険会社の用意した数多くのファンドの中から、いくつかを選び、運用ポートフォリオを組みます。

これが「専門家に運用を任せておけば安心」と説明される理由です。

逆にいえば、ＩＦＡの運用方針により、どのファンドに投資するかはことなり、同時期に同金額の保険を買った人でも、どのＩＦＡに運用を任せたかにより結果はまったく変わってきます。

なお、投資できるファンドは特別なものではなく、米国市場に上場しており誰でも買うことのできるiSharesなどのＥＴＦと変わらないファンドがほとんどです。

このような、何の変哲もないファンドへ分散投資するために、海外のＩＦＡに運用を委託するのがオフショア積立ファンドの中身なのです。

営業の現場では「世界中の優秀なファンドばかりを集めて」などと説明されているようですが、２００種ほどのファンドを選べる保険会社もあるため、それだけ多くを集めれば、高い利回りを上げるファンドが含まれていないほうがおかしいといえます。

そのため、「25年間、毎年６％の複利利回りとすれば……」という営業員の収益見とおしには何の根拠もなく、株式市場全体が下がれば、それに連動してファンドの収支はマイナスになってしまいます。

▼オフショア積立保険は手数料のかたまり

さて、これらの積立商品は、25年間、毎月５００米ドルを積み立てるのが一般的です。

最初の24ケ月間に積み立てた資金は「初期ユニット」とよばれ、積み立てをはじめて24ケ月以内に解約すると、その全額を没収されてしまいます。

また、初期ユニットに対しては毎年4～8％もの手数料がかかり、その取り分は、保険会社とIFA、日本人ブローカーの3者で分け合っています。

（うち日本人ブローカーの取り分は、1契約あたり40万円程度といわれています）

営業員によっては、「初期ユニットに対する手数料は高いですが、それ以降の管理費は1％程度とお得です」と説明することもあるようですが、この管理費に加えて、個別ファンドの運用報酬もかかることが一般的であるため、二重に手数料を払わされている状態ともいえます。

そもそも、一般的な米国ETFを自分で選べばかからない費用を払うことにお得感はなく、また、25年間もの長期運用を前提とするならば、この手数料の高さは、複利運用のパフォーマンスを大きく下げる要因となります。

そう考えると、**オフショア積立保険は、本来は無料で購入できるファンドに対して自ら解約ペナルティを自らつけ、また、高額な手数料を支払い、積み立てを行っているのと変わりません。**

ダイエットなどにあるように、ペナルティや教材費が高いほうがやる気が続くという心理的なサポートはともかく、純粋に投資商品として見るとオフショア積立保険は手数料の塊のような商品設計になっており、経済合理性はありません。

低手数料でドルコスト平均法の積立投資をしたければ、日本のネット証券各社が自動引き落としの積立投資を提供していますので、そのようなサービスを利用して低手数料の投資信託を購入するのがいいでしょう。

もしくは、手間はかかりますが、海外証券会社から直接、米国上場のＥＴＦを給料日の都度、購入するのが合理的です。

▼満期時の税金や相続時にも課題

さらに、手数料が高い以外にも、この種の商品には多くの課題があります。

海外保険の掛け金は日本では税務上の控除を取れないこと。相続時の手続きが不明または複雑、時間がかかること。日本の税法上、満期時の課税方法がまだ規定されていないため、最悪の場合は雑収入として本業給与と合算しての高額な税率を課せられる可能性もあることです。

25年後にファンドが償還されたとき、その多くを税金としてとられてしまう可能性があるのは、非常にハイリスクな投資だといえるでしょう。

第3部

為替

外貨建て資産に投資を行った場合、投資対象の株や債券の値動きよりも為替の値動きのほうが大きいことも多くあり、海外投資をするうえで、切っても切り離せない投資先が為替です。

その値動きを予想する以外にも、為替にはいくつかの知っておくべき重要な考えかたがあります。

また、為替は金利と非常に関係性の高いアセットクラスであるため、金利の考えかたも理解したうえで為替相場と向き合う必要があるといえます。

本章では、海外投資の際にかならず考慮しなければならない為替についての重要なポイントをまとめて解説しています。

Chapter 4 すべての投資に影響を与える「為替」のルール

為替はどのような要因で動くのか

教科書的には、購買力平価説と金利平価説のほか、いくつかの要素が為替水準を決定づけるとされていますが、実際の値動きを見るには理論どおりに動かないことのほうが多く、どちらかといえば、市場イベントや人々の予測を頼りに動く市場であるといえます。

為替の変動には、あまりにも多くの要因が関わっているため、何が原因でどのように動くとは一概にいえるものではありませんが、本章では、為替を予測するためにかならず知っておかなければならない、前提知識をいくつか紹介します。

インフレによる通貨安（購買力平価説）

購買力平価とは、お金の価値、すなわち為替相場は、そのお金でどれだけのモノを買うことができるかによって決まる、という考え方です。

これを説明する際に必ず引き合いに出されるのが、ビッグマック指数という考え方です。たとえば、「マクドナルドのビッグマックは日本では300円、アメリカでは3ドルだから、300円と3ドルは同じ価値である」すなわち1ドルは100円となるのが妥当であるというものです。

もちろん、マクドナルドが各国で設定している価格設定がかならずしも正しいわけではないので、なかば冗談でつくられた指数であり、ビッグマック指数を参考に通貨を売買する人はいませんが、考えかたとしては購買力平価説にもとづいています。

なお、日本の物価が上昇（インフレ）しビッグマックが500円となった場合、500円と3ドルが等しくなりますので、1米ドルは166円と大幅に円安となる計算です。

新興国のようにインフレ率の高い国が通貨安に傾きやすい理由のひとつはこのような仕組みによるものだといえます。

この考え方では、1日のうちに為替が大きく変動するような短期の値動きは説明できないため、長期の為替変動の理由としてあげられますが、有名な割にはあまり市場では真剣に論じられることは多くありません。

これは、**現代においては、モノを買うためではなく、金利や為替差益を得るなど投資目的で流通しているお金のほうが多いため**、購買行為が為替レートにあたえる影響は、そこまで大きくないからだと考えるのが自然でしょう。

将来の為替水準を金利から計算（金利平価説）

金利平価説は、もう少し市場の原理を織り込んだ説明しています。

金利平価説は、金利の高いトルコリラのような通貨は、日本円のように金利の低い通貨に対して毎年、金利差分だけ弱くなる傾向があるという考えかたです。

この理由は簡単で、日本円には0・1％の利子、一方、トルコリラには10％もの利子がつきますので、為替の変動がないのであれば、誰も日本円で預金する人はおらず、みんながトルコリラで預金をして、1年間ほど高金利を得たあとに日本円に戻したほうがお得です。

このような、確実にお得な取引は、アービトラージの考えかたによりふさがれるのが市場の原理ですので、トルコリラは1年後には金利差分の下落をしていて、結局、日本円とトルコリラのどちらで預金しても利益は変わらないはずだという考え方です。

しかし、**実際には、円キャリートレード取引のように（外国人投資家から見て）米ドルなどの自国通貨を担保に円などの低金利通貨を低利で借りてレバレッジをかけ、それを高金利通貨に投資することは一般的**です。

また、国家の金融政策としても通貨下落を阻止するために利上げをして、高金利の得られる魅力的な通貨であることを演出することは少なくありません。

さらに、米ドル／円の為替レートは日米の金利差と相関が高い（米国金利が高くなれば円安米ドル高）と分析するアナリストもいます。

このように、市場関係者は、金利平価説は机上の空論であると割り切り、実際の市場は、それとは真逆の考え方で動いているといってもいいでしょう。

なお、各国の金利を見るときは、インフレ率との比較も考えてみるといいでしょう。

高金利の新興国ではインフレ率も高い傾向にあるため、せっかく高金利を得られても　買えるモノの量はあまり変わらないこともあります。

このような国では、お金が増えていないことは減っていることと同じ意味合いをもつといえます。

一方、個人的にはあまり好きな考えかたではありませんが、**日本のように物価が下がり続けている国においては、低金利であっても、寝かせておいた通貨の価値は、物価下落分だけ増えるため、受け取れる金利（名目金利）以上に物価下落を加味した実質金利は高い**、と説明する人もいます。

各国の通貨供給量は為替市場の旬のテーマ

通貨供給量とは、いままさにテーマになっている量的緩和のことをいいます。

お金は、そもそもモノを買うための道具であることは間違いありません。そのため、市場にお金を過剰に供給すると、人々にお金が行き渡り、たくさんのモノが買えるようになり景気がよくなることもありますが、度が過ぎると「モノは品薄だがお金は余っている。モノのほうが貴重だから少しのお金ではモノを譲り渡すことはできない」という状況をつくり、インフレを引き起こします。

インフレは、購買力平価の考えかたから通貨安に傾きやすくなりますので、量的緩和による新規通貨の供給増は通貨安要因と考えるべきでしょう。

要人発言に耳を傾けよう

各国の通貨供給量を含め、大きな視点で経済の流れを把握するには、世界経済をコントロールする立場にある米国、欧州の要人発言には耳を傾けなければなりません。

その中でも、FRB（米国連邦準備制度理事会）のジャネット・イエレン議長の発言するFOMC（米連邦公開市場委員会）は最注目です。

FOMCは、米国の金融政策、すなわち、金利、市場に流通するお金の量、市中銀行の貸出姿勢に影響する与信枠（マネタリーベース）などを検討するための会議です。

2013年から市場のメインテーマとなっている米国の量的緩和とその縮小時期なども、ここで話し合われ、金利誘導目標が決定されます。

さらに、**FOMCでは、フォワードガイダンスといわれる、今後の政策を占うためのヒントを出すこともあるため、長期投資を前提としている人ならばかならず内容を理解しておくべき**でしょう。

欧州では、ECB（欧州中央銀行）のマリオ・ドラギ総裁の率いるECB政策理事会をチェックしましょう。

ユーロの金利水準決定、財政危機に直面しているEU加盟国の支援などはECBの仕事です。

ギリシャの財政問題に端を発する2010年欧州債務危機の際には、財政の弱体化した国への支援をEU全体が行うに際して、結局のところは、財政がもっとも豊かなドイツが出費を強いられることが問題となり、ドイツがユーロを脱退する可能性なども論じられました。

一方、「ドイツも統一通貨ユーロのおかげで、貿易で超過利益をあげることができている」という批判が出るなど、国家間の足並みをそろえる難しさはEUの課題です。

そして、日本においては、日銀の黒田東彦総裁の発言する日銀金融政策決定会合にアベノミクスの行方を占う重要なヒントが隠されています。

アベノミクス以降、日銀の動向は注目を集めていますが、過去にさかのぼれば2008年3月という世界がサブプライム問題で揺れている真っただ中、もっとも仕事をすべきタイミングで日銀総裁が戦後初の空席となったこともありました。

そのような異例の事態が発生した際にも為替水準は大きく動かなかったことは意外でしたが、国際金融市場から見れば日本経済の存在感はあまり大きくないことを象徴しているようにも見えました。

POINT　なぜドイツが統一通貨ユーロを使うと貿易で有利になるのか

ドイツがマルクを使っていれば、貿易で利益が出れば出るほどマルクは買われることとなり、また財政は安定してマルクの信頼性も高くなります。

その結果、貿易黒字によるドイツマルク高を引き起こし、逆に貿易競争力と利益を低下させる要因となり、ドイツの貿易黒字はいまより減っていたかもしれません。

しかし、現在のドイツでは、貿易決済のほとんどに統一通貨ユーロを採用しているため、ドイツの貿易黒字が積み上がっても自国だけ通貨高になることはありません。

そのため、ユーロのおかげでドイツは超過利潤を得ることができているといわれたこともあります。

日米欧の経済指標に注目

国力を数値化したともいえる、雇用統計、不動産関連指標、GDP、貿易収支などの経済指標は短期の為替水準に大きく影響をあたえる要素です。

経済指標を見る際は、はじめに、事前に世界の証券会社各社からアナリスト予想として発表されている予想値を見ます。その予想値平均と発表値が同じであれば、サプライズなしと受け止められ、市場はあまり反応しません。

一方、アナリスト予想と発表値にかい離があれば、為替水準は大きく動かされることもしばしばです。

たとえば、予想よりも米国失業率が改善されていた場合「米国経済に対する明るい見とおし↓景気回復↓経済を正常な状態に戻すための利上げ↓利上げされて金利の高い通貨となれば米ドルは魅力的」というような連想により米ドルが買われることもあるでしょう。

しかし、かならずしも、強い雇用統計が強い米ドル相場につながるかといえば、それは、市場が何に注目しているかによりことなりますので、これとまったく逆の動きをすることもあり得ます。

教科書的な動きとは逆に動いた例としては、日本の長期金利もそのひとつでしょう。

現在、日銀は市場でたくさんの国債を買っています。**日銀が国債をもつというのは、なかば借金の帳消しにあたる行為であるため、財政規律を乱し、財務的には黄色信号**です。

そうであれば、当然に国債の信頼は低下して価格は下落、金利は上昇するのが経済の理論ですが、実際には、日銀が国債を買い集めているため、国債は品薄となり逆に国債価格は上昇

（金利は低位安定）しています。

このように、**市場テーマや状況により経済指標やイベントの読みかたも変わるため、市場はかならずしも教科書どおりに反応するわけではない**ことは知っておきましょう。

筆者の注目している市況データと経済指標

本書の読者のような長期の投資家は、経済指標発表による為替市場の騰落に一喜一憂して売買を繰り返すことなく、あくまで、長期的な経済を占うための材料として経済指標をチェックすることをおすすめします。

そうはいっても、相場になれていない人は、どこに注目すべきなのかが分からない人も少なくないと思います。

筆者が経済全体の流れを把握するためにチェックしている市況データと経済指標の一覧を、次ページの図13のようにまとめましたので参考にしてみてください。

筆者の場合、図13のように、値動きを追いかけている価格や指標の種類が多いことが特徴的でしょう。また、短期の投資家とは、注目しているデータの種類は若干ことなると思います。

筆者が毎朝起きて最初にすることは、これらの指標をひとつずつチェックすることです。

債券市場－現地通貨建て	個別銘柄株価	米国経済指標
★日本 10 年債	★ J-REIT 各社の NAV 倍率	★失業率
★米国 10 年債	日本のメガバンク各社	★ケース・シラー住宅価格指数（10 地域別）
日本円無担保コール翌日物	日本の消費者金融各社	非農業部門雇用者数変化
米 FF レート（翌日物金利）	日本の不動産・建設各社	新築住宅販売件数
ドイツ 10 年債	米 IT 企業各社	住宅着工件数
英国 10 年債	**個別銘柄分配金利回り**	中古住宅販売件数
ギリシャ 10 年債	★米国 REIT 各社	ミラー社米マンハッタン住宅価格推移
ポルトガル 10 年債	★米ハイイールド債 ETF 各種	ISM 製造業景況指数
スペイン 10 年債	★米 CDO/CLO ETF 各種	耐久財受注
債券市場（外貨建てを含む）	J-REIT 各社	製造業受注指数
インドネシア 10 年債	**日本経済指標**	小売売上高速報
タイ 10 年債	★日銀当座預金残高・速報値	消費者信頼感指数
フィリピン 10 年債	★国債発行残高	ミシガン大学消費者信頼感指数
ロシア 10 年債	★日銀国債保有残高	消費者物価指数
トルコ 10 年債	★日銀 ETF 等資産買入明細	GDP
南アフリカ 10 年債	★東京投資用不動産表面利回り推移	鉱工業生産指数
パキスタン 10 年債	★金融機関の不動産融資動向	PPI
ウクライナ 10 年債	公示地価と路線価	個人所得
ブラジル 10 年債	個人・法人実効税率変化	個人支出
ペルー 10 年債	一般会計・特別会計内訳	貿易収支
インド 10 年債		ニューヨーク連銀製造業景気指数
キプロス 10 年債		
ベネズエラ 10 年債		
コロンビア 10 年債		
メキシコ 10 年債		
パナマ共和国 10 年債		
アルゼンチン 10 年債		
ポーランド共和国 10 年債		
リトアニア 10 年債		
ルーマニア 10 年債		

★はとくに筆者が重視している指標

図 13　筆者の注目している市況データと経済指標

株式市場		為替市場（対米ドル）
★ S&P 500 種	韓国総合株価指数	★日本円
★日経平均株価	ジャカルタ 総合指数	★ユーロ
日経平均先物	タイ SET 指数	★ EUR-JPY クロスレート
NY ダウ 工業株 30 種	フィリピン 総合指数	カナダ ドル
ナスダック 総合指数	シンガポール ST 指数	英ポンド
メキシコ ボルサ指数	FTSE ブルサマレーシア KLCI インデックス	オーストラリア ドル
ブラジル ボベスパ指数	S&P ムンバイ SENSEX 指数	ノルウェー クローネ
アルゼンチン メルバル指数	S&P/ASX200 指数	ニュージーランド ドル
チリ サンティアゴ IPSA 指数	ロシア MICEX 指数	スウェーデン クローナ
コロンビア COLCAP 指数	ウクライナ PFTS 指数	スイス フラン
フランス CAC40 指数	ナイジェリア全株指数	南アフリカ ランド
DAX 先物 EUX	チュニジア TUNINDEX 指数	ウクライナ グリブナ
スペイン IBEX35 指数	ボツワナ 全株価指数	ペルー新ソル
ルクセンブルク LuxX 指数	ルーマニア BET 指数	香港 ドル
ポルトガル PSI-20 指数	ブダペスト証取指数	アルゼンチン ペソ
アテネ 総合指数	**商品市場**	インド ルピー
スイス SMI 指数	★ VIX 指数	インドネシア ルピア
FTSE100 指数	ゴールド	中国元
アイルランド ISEQ 全株指数	シルバー	ブラジル レアル
イスタンブール 100 種指数	LME 銅	新トルコ リラ
マルタ証券取引所株価指数	CO_2 排出権	チリ ペソ
キプロス ゼネラルマーケット指数	Fine Wine 50 指数	コロンビア ペソ
OMX ヘルシンキ 25 指数	HFRX ヘッジファンド指数	台湾ドル
OMX ストックホルム 30 指数	**中国経済**	ハンガリー フォリント
OMX コペンハーゲン 20 指数	★中国 上海総合指数	ポーランド ズロチ
マスカット MSM30 指数	★中国元翌日物金利	マレーシア リンギ
カタール QE 指数	中国 10 年債	チェコ コルナ
ドバイ金融市場総合指数	SHIBOR 1 週間物	
香港 ハンセン指数	SHIBOR 3 ヶ月物	
加権指数		

もちろん、すべてを暗記しているわけではなく、前日に比べて大きな値動きのあった国を見つけ、その理由を調べるのが目的です。

とくに、ドバイやキプロスなど、日本からあまりに遠い国のニュースは、よほどのことがないかぎりはメディアで報道されませんので、株価を見て、何か事件が起きていそうな気配があれば、詳しい様子をネットで調べることもあります。

米国経済は、これからの市場の流れを予測するために必要な、失業率と不動産価格を中心に追いかけ、ブルームバーグとロイターのニュースを確認します。

なお、これらのメディアは日本語版と英語版で注目されている記事がことなることもあるため、見出しだけは英語版も確認します。

日本経済は、数値よりも政府発表資料の詳細を見て、政府がこれから何をしようとしているのかを予想します。

また、日本の不動産と銀行、エレクトロニクス産業については専門誌と展示会で情報収集してトレンドを把握します。

中国は株価と短期金利をもとにバブル崩壊の予兆をウォッチします。アジアの新興国は、あまり信憑性の高い情報が入ってこないため、旅行で訪れた際に不動産を見たり、ショッピングモールでどのような製品が売られているかを見て雰囲気をつかむこともあります。

欧州は、個人的にあまり投資していないこともあり、ＥＣＢ政策理事会の内容など表面的なところしか見ていません。

短期の投資家は、日本の小型株などせまい分野で勝負するためにニッチな材料を集めますが、**長期の投資家は、世界経済全体にあたえる影響の寄与率が高い順に情報を集めて総合的に将来を見とおすこと**を考えましょう。

なお、筆者は図13のリストにある価格や指標を確認するためにブルームバーグという端末を導入していますが、月額23万円程度と高額です。

類似サービスにはトムソン・ロイター・アイコンという情報端末もありますが、こちらも月額10万円を越える価格帯であること、また、これらの情報端末を導入したからといって利益率が上がるものではないことから、すべての個人投資家におすすめできるものではありません。

ひとまずのところは、米ヤフー・ファイナンス、ロイターやブルームバーグのウェブサイト（いずれも無料）などを活用して価格を調べ、本格的にインカムゲイン投資で利益を得られるようになってきた段階でこれらの情報端末を検討してみるのもいいでしょう。

変動相場と固定相場を知ろう

為替が変動しない通貨もある

日米の常識に慣れると、為替は自由に取引され、市場の人気によって交換レートが決まるのが当たり前に思えますが、為替レートが固定されている国も多くあります。

たとえば、香港、アラブ諸国などは、政府が米ドルとの交換比率を定め、事実上、交換比率を固定しています。また、EU周辺国とアフリカの多くの国は、ユーロに対して固定されています。

これは、国の規模が小さすぎて、インフレ率を見ながら通貨の流通量をコントロールするなどの金融政策を運用できる能力がない場合、もしくは、貿易の有利を考えた場合、輸出先である米国やユーロ圏に対して固定相場としておけば、為替変動に翻弄されない安定したビジネスができると考えられる場合などに採用されています。

米国とは、あまり友好的に見えない様子のアラブ諸国が、実質的に米ドルに自国の通貨価値を連動させていることや、ユーロがアフリカを囲い込んでいるのはおもしろいですね。

中国の固定相場制が膨大な利益をもたらした

為替の固定相場制（ペッグ制）でもっともなじみのある国は中国でしょう。

中国元は市場で取引されていますが、その価格は中国の国策により米ドルと連動しています。

これはどのようにして成立しているのかを考えてみましょう。

どこかの国が「我が国の通貨は、今日から米ドルと同じ価値と見なす」と固定相場を宣言しても、政府が責任をもって両替を保証することをしなければ、自国通貨と米ドルの両替比率は維持できません。

そのため、国は、通常の両替需要の数ケ月分という十分な米ドルなどを外貨両替対応のために保有しており、これを外貨準備といいます。

世界で見ると380兆円相当を超える外貨準備を保有する中国を筆頭に、日本が120兆円と続きます。

貿易資金決済システムの仕組み上、米ドルから中国元へ両替をする場合、いったん中央銀行（中国の輸出企業の口座ではありません）に米ドルが集まり、それを固定レートで中国元に両替して市民に支払います。

これは、最近のソーシャルゲームの儲けの仕組みと似ています。

ゲームに課金して、ゲーム内通貨を買う人（＝米ドルから中国元への両替）が多ければ、ゲーム運営者の懐には米ドルが積み上がります。ゲーム内通貨は運営者の設定次第でコストなく自由に発行できますので、資金の流入が多ければゲーム運営者の利益（＝中国の保有する米ドル）は増えていくというわけです。

さて、いかにして中国は膨大な米ドルを集めることができたのでしょう。

じつは、**中国元は、以前より購買力平価などから説明できる実勢為替レートよりも割安な値付けをされていることが指摘されていました。**

つまり、中国は米ドルで入金した貿易の儲けを、国内の経営者や労働者が仕入れや生活のために中国元に両替しようとしたとき、１米ドルに対して大量の中国元を与えていたということです。

そのため、中国企業から見れば、少量の米ドルをもらっただけでも中国元に両替すれば大金を得られるため、たくさんの労働力や物資を安価に外国に提供することができます。

それは、貿易の観点から見れば価格競争力がつくことを意味していますので、割安な中国製品は世界中に受け入れられ、大量の外貨を得ることができたというわけです。

新興国の固定相場制には死角あり

同じ固定相場制でも小規模な新興国では事情が異なります。

中国の場合、自国の通貨価値を割安に設定することにより米ドルを集めていましたが、新興国では、逆に自国通貨に割高な値段をつけて売買している国も少なくありません。

そのような場合でも、外貨準備がたくさんあれば、自国通貨売りの両替による米ドル流出に対して手持ちの米ドルを差し出せばよく、資金流入の場合は、自国通貨を増刷して両替に応じればいいわけですから、固定相場制は維持できます。

しかし、**実態よりも割高な通貨に対しては裁定が入るのが市場の原理です。このような場合、割高な通貨価値を察知したヘッジファンドなどから新興国通貨の売り、米ドルの買いという注文を出されてしまいます。**

このような攻撃から通貨を守るため、新興国は、短期金利を引き上げ、高金利を払い出す通貨としての魅力づけをして買いを呼び込み、また、スワップ金利がマイナス（売り方に金利の支払いが発生して不利）になるようにして売りを抑制することが常套手段ですが、それでもなお売り注文が多ければ、新興国からは米ドルが放出され、外貨準備は底を尽きることとなります。

そうなれば、それ以上の両替には応じられなくなるため、実態を反映した安価な為替レートに価格を切り下げるか、変動相場制に移行することを余儀なくされてしまいます。

その結果、割高な固定相場のレートで大量に売り、後日、安いレートで買い戻したヘッジファンドは莫大な利益を得られ、新興国は損を被る仕組みです。

このような攻撃により変動相場制に移行した国としては、１９９２年にジョージ・ソロスにポンド売りを仕掛けられたイギリス、アジア通貨危機と呼ばれた１９９７年のタイなどが有名でしょう。

日本の外貨準備120兆円を取り崩して借金返済にあてられないのか

日本の場合は、変動相場制を採用していますので、国が両替を仕切ることはなく、外貨準備が積み上がるのもことなる理由です。

まず、**日本の外貨準備は120兆円。「こんなに儲かっているなら、ほかの足りない部分に使うべき！」という意見がまれにありますが、これは勘違い**です。

外貨準備資金を管理している外国為替資金特別会計のバランスシートを見ると、じつは債務超過になっています。

1米ドル360円の時代から米ドルを買わせられてきたため、日本政府が行うFX投資は累積マイナスなのです。

では、120兆円の資産とは何なのでしょうか。

外貨準備とは、政府短期債（FB）という円建ての債券を発行し（これも借金1000兆円に含まれています）これを米ドルに両替して保有しているものです。

そのため、仮に120兆円を取り崩すのであれば（政治的に取り崩しはできませんが）先に資金の出元であるFBを返済しなければならないため、手元に120兆円が残るわけではないのです。

このように、**国内から円建てで借金をして長期で米ドルを保有しているだけ、というのが日本の外貨準備の正体**です。

たとえるならば、親戚から借りたお金で長期の外貨預金をしているようなもので、本人は何ももっていないというわけです。

なお、債務超過になっている外国為替資金特別会計の損は、財政を圧迫しているわけではありません。

その時代に予算化された日本円を米ドルに両替して長期保有しているだけですので、時価で評価すると12・7兆ほど累損を抱えており、損が出ていることに間違いないのですが、単なる外貨両替の長期保有に過ぎません。

そのため、この外貨準備を取り崩さない限りは、ここに税金を追加投入して穴埋めする必要はありません。

FXのスワップ金利はインカムゲイン投資になり得るか

マネー誌などでは、FXを利用して、高金利のトルコリラに3倍のレバレッジをかけて保有すれば年利30％の利回りなどのトレードアイデアを説明していることもあります。

このような投資法に収益機会はあるのでしょうか。

金利平価説によれば、このような取引による利益は得られず、金利分だけトルコリラは下落することになりますが、実際の市場は、それに従うとは限りませんので、スワップ金利投資は間違っているものではありません。

しかし、ＦＸで得られるスワップ金利は翌日物金利をベースにした低金利であり、かつ、ＦＸ業者に手数料としてとられてしまう部分もあるため、長期的に金利を得ることを考えるのであれば、**ＦＸのスワップ金利投資よりも、投資を予定している期間と同じ残存期間の債券にレバレッジをかけたほうが利回りは高い**かもしれません。

個人でも為替ヘッジありで外貨建て資産に投資できる

投資信託などでは、外貨建てコースと為替ヘッジありコースが選択できるようになっているものもありますが、個別銘柄に投資する投資家は、あまり為替ヘッジを考えず、外貨建てで投資することが多いでしょう。

これは、日本には、手軽に為替ヘッジのできる取引環境を提供している証券会社がないことも影響していると思います。

本書では、インタラクティブ・ブローカーズ証券を利用して、個人でも簡単に為替ヘッジをする方法を紹介していますので、まずは、為替ヘッジの活用法とコストについて学んでみましょう。

たとえば、「為替は円高を予想するが、米国のＩＴ企業の将来性に投資したい」という場合、また、**「為替リスクを取らずに、欧米企業の信用リスクだけを取って利回りを得たい」というような場合に、為替ヘッジは役に立ちます。**

為替ヘッジの仕組みはシンプルで、購入した外貨建て資産と同額の外貨を売ることです。両方が相殺されて外貨のポジションがなくなり、為替リスクを取らずに済むというわけです。

為替ヘッジにはコストがかかることも理解しておきましょう。

為替ヘッジの仕組み上、そのコストは、ＦＸの外貨売りで発生するマイナススワップ金利と同じですので、売っている外貨が日本円よりも高金利通貨であれば、２通貨間の翌日物金利の差額を支払う必要があります。

なお、低金利の続く日本ではイメージしにくいかもしれませんが、外貨よりも日本円の金利が高ければ、為替ヘッジをすることにより金利を得られることもあり得ます。

つまり、**為替ヘッジにかかるコストは、為替の影響を受けないというメリットを得るための**

コストではなく、あくまで金利差の精算によるものなのです。

為替ヘッジのために外貨建て資産と同額のＦＸ売りポジションを建てても結果は概ね同じですが、ＦＸのポジションは価格が大きく動くとロスカットされてしまうこともあるため、若干、使い勝手がよくありません。

本書の２３４ページでは、ＦＸではなく、外貨の借り入れによる為替ヘッジの方法を紹介していますので参考にしてみてください。

為替への長期投資ならフォワード取引を知ろう

為替と関連した投資商品を理解するには、為替と金利の関係、そしてフォワードという考えかたを知っておきましょう。

数年後に決まった為替レートで外貨に両替できることが約束されている仕組債など、**金融市場での外貨取引は、現金をその場でやりとりする空港の両替所とはことなり、実際にお金の受け渡しを行うのは、契約日よりもあとになることがよくあります。**

このように、将来の日付で資金の受け渡しをする取引において、契約から受け渡しまでの期間中に発生する金利分をどのように調整して、買い手も売り手も損のないように取引を行うのがフォワード取引の意味するところです。

これは、**外貨に長期投資をする場合のリターンを正確に把握するためにも必要な考えかたですので、ぜひ理解しておきましょう。**

さて、日本円からトルコリラへ両替する際「今日のレートで両替したいが、実際にお金を受け渡すのは1年後」というような場合、トルコリラにつく高い金利の分を調整しなければ、このような取引は成り立たないことを金利平価説の中で説明しました。

この仕組みをもう少し詳しく見てみましょう。

今日の為替レートは1トルコリラ＝47円、日本円を1年間預金すれば0・1％の利子、トルコリラには10％の利子がつくとします。

もし、1年後の受け渡しでも今日の為替レートと同じ47円で両替を約束してくれるA銀行があれば、それを予約するのと同時に、いますぐ空港の両替所に行って、47万円を1万トルコリラに両替しましょう。

つぎに、そのトルコリラを外貨預金口座に預けます。トルコリラには10％の利子がつきますので、1年後には1万1000トルコリラまで増えています。

1年後、先ほどのA銀行が約束してくれた1トルコリラ47円のレートで日本円に戻せば、為替リスクなしで51万7000円（1万1000トルコリラ×47円）を得ることができます。

日本円の普通預金に1年預けたままであれば、0・1％の利子を受け取り、47万470円にしかなりませんので、差額4万6530円の利益をあげることができてしまいます。

そうなれば、誰も日本円で預金する人はおらず、A銀行には1年後の為替を予約するために人が殺到し、同じく空港の両替所にもトルコリラを求めて行列ができることになるでしょう。

これが可能であれば、A銀行は顧客が無リスクで得た利益と同額の損失を被ることになってしまいますので、実際には、このようなことは発生しないのが金融市場のルールです。

A銀行は次のような計算をして、1年後の両替レートを提示するはずです。

●日本円のまま1年間保有すれば47万円に0・1％の利子がつき47万470円に増える
●いますぐトルコリラに両替して1年間保有すれば1万トルコリラに10％の利子がつき1万1000トルコリラに増える
●1年間トルコリラの利子を得たあと日本円に両替して47万470円となる為替レートを約束すれば誰にも損得は発生しない
●すなわち1年後に約束できる為替レートは、47万470円＝1万1000トルコリラとなる42・77円に落ち着くはず

1年後の受け渡しが42・77円であれば、トルコリラの高金利で運用したあとに日本円に戻しても、日本円のまま1年間もっていても利益は同じですので、A銀行にも空港の両替所にも

行列ができることはなく、均衡がとれるというわけです。

このような裁定が働くため、1年後にいまよりも安い為替レートで受け渡しをする約束に損得はなく、そのため高金利通貨を将来の日付で購入する場合、2通貨の金利差分だけ安く購入予約をすることができるのです。

このように、為替を将来の期日に特定の価格で予約することをフォワード取引といい、貿易会社が輸入に用いる米ドルを調達するために銀行とのあいだで契約を結ぶこともあります。

なお、銀行が貿易会社の決済代金のような実需のフォワード取引を扱う際、いままでの説明のように元本の全額を交換していたのでは、顧客が自分でFXの証拠金取引を通じて外貨ポジションを建てて1年待ったほうが資金効率はよく、銀行に依頼するメリットはありませんので、銀行も差金決済でフォワード取引を行うことがあります。

30年後に1米ドル＝70円で買える仕組債はお得か

以前、証券会社の営業から「為替が上昇すれば高金利を得られて早期償還され、予想に反して下落した場合でも30年後には1米ドル＝70円という、いまよりも大幅に有利なレートで米ドルに換金されて戻ってくる仕組債」という商品を紹介されたことがあります。

証券営業の現場で顧客が商品を買わない理由は、予想がはずれると顧客は損をするリスクがあるためですが、この商品は「予想どおりに相場が動けば大きなリターンを得られます。**仮に予想がはずれた場合でも、この商品は元本割れしにくいのです」という2段構えで顧客を説得できるため、営業的な側面から見た商品設計は巧《たく》み**です。

実際、将来的には、預けた日本円を1米ドル＝70円という有利なレートで両替して米ドルを得られるため、たとえば100万円買った場合、最悪のケースでも30年後に約1万4300米ドルを受け取ることができます。

いまの為替レートでいえば143万円の価値があり、仮に予想がはずれた場合でも元本を大幅に上回る高リターンです。

今後も1米ドル＝70円まで円高になる確率は低いでしょうから、この為替レートで米ドルを予約できるならば損が出ることはないでしょう。

30年の長期で見れば実質的に元本は保全されており、長期投資に適した投資商品のようにも見えるため、実際、超長期の資金運用を検討している財団法人などがこのような仕組債を購入することは多くありました。

ほかのシナリオで運用した場合の為替レートと比べよう

さて、このような取引はお得なのでしょうか。じつは、この取引にはひとつ大きな落とし穴があります。

現在の米30年債利回りは3・4％ですので、30年間、資金を寝かせるつもりがあるのならば、毎年3・4％複利で利子がつくはずであるのが本来の市場金利です。

現在の市場では100万円で1万米ドルを買うことができますので、その1万米ドルで最終利回り3・4％の米30年債を買ったと考えてみましょう。

国債の利回りは複利換算ですので1万米ドルに1・034（3・4％）を30回かけ算して複利で増やしてみると、次ページの図14のように2・72万ドルまで増えるはずです。

これをあえて為替レートを使って表現すれば、30年後に100万円を1米ドル＝36・7円（＝100万円÷2・72万ドル）という為替レートで両替して2・72万ドルに変えることができるともいえます。ただし、この場合、30年間金利はつきません。

つまりは、**受け取った金利分を米ドルの取得原価から差し引くと、30年後の「みなし」取得**

図 14　複利運用と為替のみなし取得原価

元本 100 を年利 3.4% 複利で運用したとすると

↓

	元本の推移	為替のみなし取得原価
開始時点	100.0	100.0
1 年目	103.4	96.7
2 年目	106.9	93.5
3 年目	110.6	90.5
4 年目	114.3	87.5
5 年目	118.2	84.6
6 年目	122.2	81.8
25 年目	230.7	43.3
26 年目	238.5	41.9
27 年目	246.6	40.5
28 年目	255.0	39.2
29 年目	263.7	37.9
30 年目	272.7	36.7

※正確には、フォワード取引と同じように米国債の利回りから日本円で同期間運用した場合の金利差を差し引いて考える必要があります。

原価は36・7円まで下がっているということです（これはフォワード取引の考えかたと同じです）。

ここで、あらためて、最初の1米ドル＝70円で買える契約と比較してみると、為替レートは大きく異なることとなり、仕組債の提示するレートは大きく不利なのです。

長期でお金を保有すると、それだけで複利の金利収入を得られるわけですから、将来的に、特定の価格で為替を両替できるという取引があれば、かならず、このように同期間の国債などリスクフリー・レートで運用した場合と比較して優劣を判定する必要があります。

Chapter 5

ＦＸ取引の秘密

ＦＸは個人投資家対ＦＸ業者の戦い

ＦＸ業界の最大の秘密は、顧客の損が業者の利益になるビジネスモデルを採用していることでしょう。

多くの人は、顧客からの注文を為替市場に取り次いで手数料を得るのがＦＸ業者の行っているビジネスだと思っていますが、実態はそうではありません。

金融庁の調査によれば、約３割の業者はＦＸ取引を顧客対業者の戦いになるような注文の受けかたをしています。

この背景には、近年、ＦＸ業者の手数料競争が激化しており売買手数料だけで十分な利益をあげることが難しくなっていることも関係しています。

売買手数料に相当する売りと買いのスプレッドは限りなくゼロ、0・3銭などの業者もあり、その場合、顧客が1億円分もの大きなポジションを建てても、手数料はわずか3000円だけで利益になりません。

※データ出典 平成22年4月16日 金融庁監督局証券課発表資料「外国為替証拠金取引業者に対する一斉調査の結果について」

顧客の負けはFX業者の勝ち

そのため、業者は、売買手数料以外の方法で利益をあげることを考えつきます。まずは、手数料の安さを武器に最大限の集客をします。

そして、**多くのFX取引業者において、7割の顧客は損を出し、金額ベースでも顧客の負けが続くという過去の統計、また、カジノと同様に顧客はお金がなくなるまで勝負を続ける傾向**を利用して利益を得ることを考えます。

このような**FX業者は、顧客から受けた注文を市場に流さず、業者が取引の相手方となる相対取引とすることにより、顧客の負けを業者の利益としています。**

さらに、自然に顧客が負けるのを待ちきれずに行う「ストップ狩り」と呼ばれる相場操縦も行われていました。

業者からは顧客の手のうちを完全に把握することができますので、どこまで相場が下落すればストップロスにより顧客にいくらの損が出るか（＝業者の利益）を計算することができます。

そのため、朝方など、取引の薄い時間帯には、顧客のストップロスを取る目的で、フェアな取引価格から意図的に大きく乖離した値付けがされることがありました。業者のシステムがストップロス水準を下回る価格を一瞬でも提示すれば、顧客は負け、業者の勝ちという利益確定をすることができるためです。

これは、相対取引なので業者の提示する価格は、為替市場（インターバンク）と違っていることが許されるために起きうる問題です。過去には、このような価格操縦で行政処分を受けた業者もあります。

※データ出典　ＦＸ取引をする７割の顧客は損を出している「Percentage of profitable accounts as reported to the NFA Q4 2013」

プロ個人投資家とＦＸ業者の戦い

しかし、顧客も負けてはいません。

このような適正水準と大きく異なる業者の値付けは、必ずもとに戻るのが金融の原理です。もし、この業者が不当に高い価格を提示してきたのであれば、その高い価格で売り、ほかの公平な値付けをしている業者で買い注文を同数入れることによりアービトラージができてしまいます。

実際、このように不当な価格をつけた瞬間を個人の専業トレーダーにねらわれ、ストップ狩りで利益を出そうとした業者が逆にアービトラージの標的にされてしまうこともありました。

そこで、業者も応酬を考えます。

業者は価格を動かすのではなく、売買のスプレッドを極端に大きくすることにより、ノーリスクでストップ狩りをすることにしました。

近年では、このような業者の手口は、ネット上での悪いうわさや行政処分につながるため、以前ほど派手には行われていないようですが、業者対顧客の戦いは今日も続いています。

業者を脅かす2つの取引

このような業者対顧客の戦いに対して、専業トレーダーたちは、米国の雇用統計発表時など、瞬時に大きく為替が変動するタイミングで大勝負をかけたりしています。

経済指標が発表される数秒前に数億円単位の大きなポジションを建て、大きなボラティリティをとりに行く、経済指標投資と呼ばれる短期売買の手法です。

また、複数のFX業者に多くの口座を開設し、**ある業者の提示する価格が他業者と乖離する、わずか1秒以下の時間差をねらってアービトラージとなるような売買を自動的に繰り返すプログラムをつくり、数銭の価格の歪みに大きな金額を張る人も**います。

ところで、このような顧客の賭けが成功して大勝ちしてしまった場合、業者はそれとほぼ同額の損を被ることになります。

とくにＦＸ業者間の提示価格の表示遅延の不具合を突いた「せどり」のような取引は、確実に顧客の利益となるため致命的です。

しかし、このような場合にもＦＸ業者には秘策があります。

大勝ちした顧客に対しては、規約違反などを主張して口座を凍結し、出金に応じないこともあるのです。

とくに、海外にはクレジットカードで入金させ、レバレッジ１０００倍を提供するというオンラインカジノのような業者もありますが、そのような業者では、利益が出ても本当に出金できるか分かりませんので避けるのが賢明でしょう。

銀行の外貨預金はＦＸより安全か

ＦＸの短期売買で勝ち続けるのは容易ではない雰囲気は伝わったかと思いますが、それでは、銀行の窓口で販売している外貨預金はどうなのでしょうか。

ＦＸ業者よりも銀行のほうが安全で信頼できる気がします。

しかし、現実には、**銀行の外貨預金は、もっとも買ってはいけない投資商品のひとつ**です。

それは、どのような理由からでしょう。

あるメガバンクの外貨預金広告を見ると、米ドル1ケ月もの6％、豪ドル1ケ月もの10％という高金利を提示していました。

オーストラリアの一般的な銀行で1ケ月の定期預金をすれば2・7％の金利を得られるのが平均値ですので、この金利水準は、明らかに銀行が外貨を調達してくる際に支払う金利（仕入れ価格）よりも高く、完全に赤字のはずです。

この銀行は赤字でも新規顧客を集めるキャンペーン中なのでしょうか。

じつは、そうではありません。

まず、この高金利が適用されるのは1ケ月間のみで再度の預入はできません。そのため、最初の1ケ月だけ預けた場合の金利収入は、100万円に対して豪ドルならば10％の1／12ケ月＝約8300円です。それに対して、購入時だけでも2円のスプレッド（スポット価格94・7円ならば対顧レートとよばれる顧客の買値は96・7円）をとりますので、この時点で2万円以上の手数料を支払っていることになります。

さらに、豪ドルから日本円に戻す際にも取引方法により50銭から2円の手数料が発生するとのことでした。

つまり、確かに高金利なのは間違いありませんが、「**高金利キャンペーンの適用を受けたけ**

れば、その金利よりも2倍以上高い手数料を先に支払ってください。差し引きでは必ず赤字になります」というのが外貨預金キャンペーンの仕組みです。

なお、ネットバンキングの外貨預金では、スプレッドは片道5銭から25銭と比較的良心的な手数料を提示していますが、この安価な手数料率で入金した場合、高金利キャンペーンの対象とはならず、豪ドル1ケ月ものならば１・２２％という低い金利しかつきません。

窓口限定で展開している高金利キャンペーンは、高齢者や金融リテラシのない人たちをねらったものなのでしょう。

見せかけの高金利で顧客を集めて、実際にはかならず損が出る手数料体系になっているのは、社会の公器ともいえる大手金融機関が個人向けに提供するサービスとしては上品なものとはいえません。

このような外貨預金をするならば、手数料の安価なＦＸ業者を利用してレバレッジ1倍で豪ドルを買い、３・２％程度のスワップ金利を得るほうが合理的です。

当然ですが、銀行窓口でもＦＸ業者でも為替損益は同じだけ発生しますので、銀行窓口のほうが安全で信頼できるという理由はまったくありません。むしろ、手数料が高い分、銀行窓口はＦＸ業者よりも危険だといえます。

※注釈　２０１４年6月現在の金利　Bloomberg BBC／預金金利／AUD

銀行の都合で預入期間が変わる仕組預金

近年、ほとんど金利を生まない普通預金に見切りをつけた個人から、仕組預金といわれる通常よりも高い金利を得られる預金が人気を集めています。

コーラブル預金ともよばれる金融商品です。

高い金利の裏には必ずリスクがあるのが金融の理論ですので、仕組預金の仕組みを理解して本当に安全で高金利なのかを考えてみましょう。

（なお、この解説は本書の中でもっとも難しい内容です。仕組預金に興味がない人は読み飛ばしても問題はありません。）

これは預金者から見ると、次のような特徴のある投資です。

●5年または10年のどちらで償還されるか決まっておらず、どちらになるかは金融市場動向を見ながら銀行が決める（預金者は決められない）

●0・7％という普通預金よりも高い金利がもらえる

多くの人は「5年で返ってくればいいけど、10年も資金が拘束されてしまうのは長すぎるなあ」と考えると思います。

コーラブル預金の仕組み

さて、これは、どのような仕組みの商品なのでしょうか。

ひとことでいえば、**10年間固定金利をもらえる契約に加えて、5年後に銀行がその契約を中止できる選択権（オプション）を合わせて契約するもの**です。

つまり、もともと10年間の預入をする前提で高い金利をもらいますが、5年後に金利水準がいまよりも下がっており、銀行から見て「この0・7％もの高い金利を、あと5年も払い続けるのはいやだなあ」という場合にキャンセルされてしまい、5年で満期を迎えてしまうというものです。

その場合、0・7％以上でさらに5年間運用できる安全な預金商品は見つからないはずです。

預金者からすれば、10年間解約できない長期金利を買うため普通預金よりは高い金利を得られ、5年で解約されてしまう機会損失をリスクとするポジションだといえるでしょう。（普通預金よりも10年の長期金利のほうが高い理由は68ページの説明のとおりです）

では、もう少し踏み込んで分析してみましょう。

１００万円を預金した場合、具体的には、どのよう内訳の契約をすることになるかを分解して考えてみます。

分かりやすくするために仕組預金を販売している銀行は一切の手数料をとらない前提で説明します。

本日現在の10年固定金利（10年スワップ金利）の市価は0・77%だとします。はじめに、（預金者ではなく）銀行は0・77%の固定金利を受け取り、0・13%の変動金利を支払う、金利スワップという契約をほかの銀行との間で結びます。

10年固定の高い金利（0・77%）を受け取り、6ケ月など短期の安い金利（0・13%）を支払うことを続けますので、その差額0・64%が銀行の利益になるというわけです。

これを10年間続けることが高金利の源泉です。

さらに、パンフレットには、「銀行は、この預金契約を5年後に満期とするオプションをもっています。このオプションを付与することにより、通常よりも高い金利がもらえます」という意味のことがうたわれています。

このように銀行は、満期を選択できるオプションを売ること（キャンセラブル・オプションの売り）により、オプション料を受け取ります。

このオプションの価値は、100万円に対して6300円ほどです。単純に10年で割ると、0・06%の金利上乗せに相当します。

これで、最初の長短金利差0・64%とオプションを売って得た上乗せ分0・06%を足した

図 15　コーラブル預金の仕組み

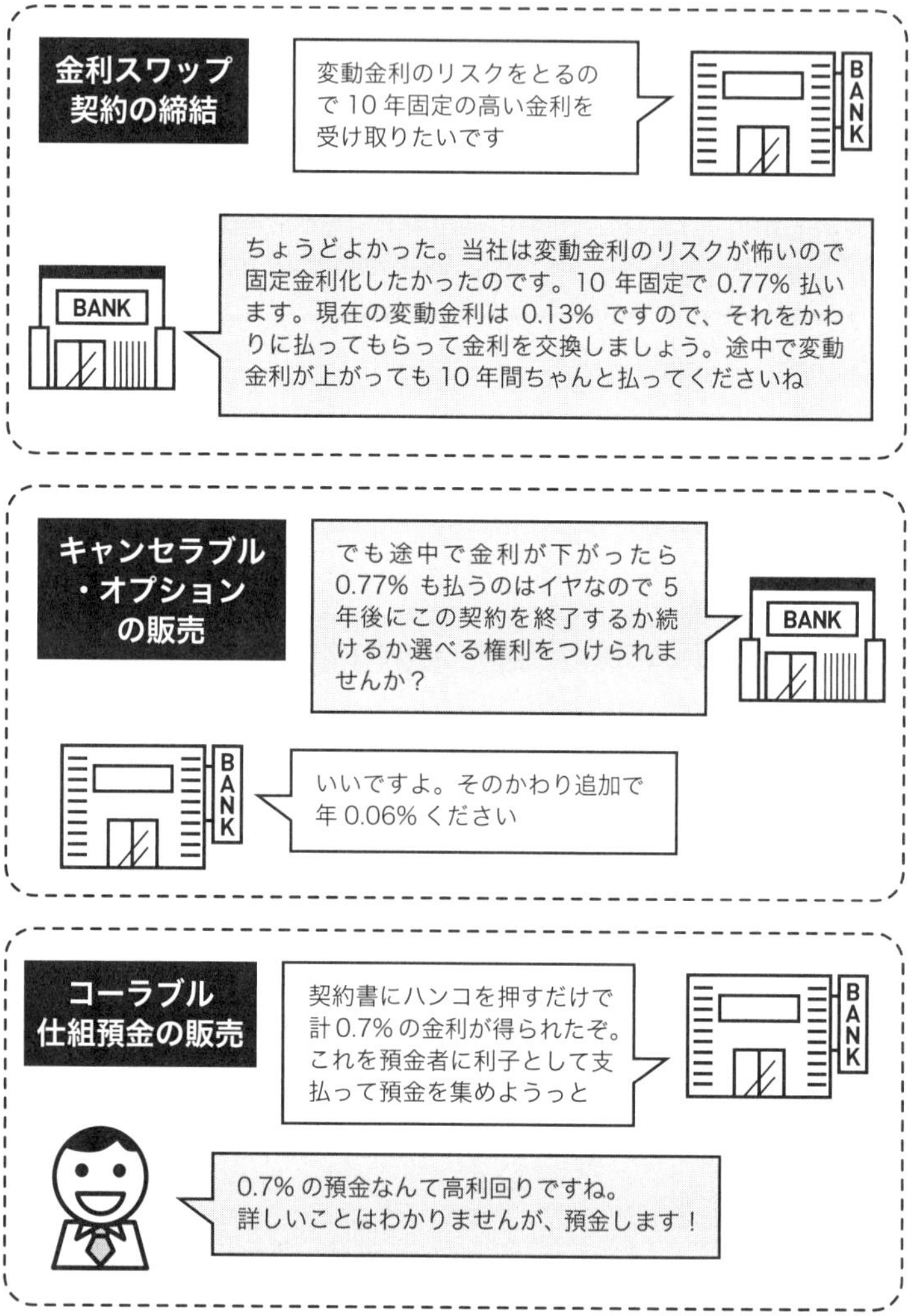

金利スワップ契約の締結
変動金利のリスクをとるので 10 年固定の高い金利を受け取りたいです
BANK
BANK
ちょうどよかった。当社は変動金利のリスクが怖いので固定金利化したかったのです。10 年固定で 0.77% 払います。現在の変動金利は 0.13% ですので、それをかわりに払ってもらって金利を交換しましょう。途中で変動金利が上がっても 10 年間ちゃんと払ってくださいね
キャンセラブル・オプションの販売
でも途中で金利が下がったら 0.77% も払うのはイヤなので 5 年後にこの契約を終了するか続けるか選べる権利をつけられませんか？
BANK
BANK
いいですよ。そのかわり追加で年 0.06% ください
コーラブル仕組預金の販売
契約書にハンコを押すだけで計 0.7% の金利が得られたぞ。これを預金者に利子として支払って預金を集めようっと
BANK
0.7% の預金なんて高利回りですね。詳しいことはわかりませんが、預金します！

０・７％が毎年、銀行に入ってくることになりますので、これを原資として預金者に０・７％もの高い利子を支払うことができるようになりました。

実際には、これでは銀行は手数料を得ることができませんので、預金者へ提示する固定金利を銀行の得られる収入よりも安く設定することで利益をあげます。

銀行からすれば、この商品自体で手数料を得ることもでき、また、他行よりも高い金利を提示することができるため、預金を集めやすいというメリットがあります。

さて、このような仕組みの商品ですので、10年国債の利回りとそのまま比較するわけにもいきません。

中途解約できないか、できたとしても解約ペナルティが高いこと、５年後に満期が来てしまった場合は０・７％で運用できる高利回り商品はほかに存在しない相場環境であることを認識したうえで検討すべきでしょう。

少なくとも、「１００万円預ければ、毎月５８０円の利子がつくからビール１杯分か」という考え方はしないようにしたいものです。

※注釈　正確には、顧客は、10年金利スワップ（顧客の固定金利受取）と「5年後スタートの5年金利スワップ（顧客の固定金利支払）」を開始できる権利（スワップション）の売りを銀行にたいして行います。5年後に銀行がオプションを行使した場合、双方が相殺されて契約は終了する仕組みです。

※注釈　金利には約20％の税金がかかります。

為替が下がると外貨で償還される仕組預金

つづいて、仕組預金の中でもっとも人気のあるデュアルカレンシー債とよばれるタイプの商品についても、どのような仕組みになっているのか見てみましょう。

これは預金者から見ると、次のような特徴があります。

- 通常は1ケ月程度の預け入れ期間
- 豪ドル／円の価格が事前に取り決めた「特約レート」を下回ると元本は自動的に特約レートで豪ドルに両替されて償還される
- 特約レートを下回らなければ元本は豪ドルには両替されず日本円のまま戻ってくる
- いずれの場合でも日本円建てで年6％税引き前という普通預金よりも大幅に高い金利を得られる

この商品の仕組みは非常に単純です。

預金者は銀行に対して豪ドル建てのプットを売り、そのプレミアムが高い預金金利の源泉となる一方、豪ドル価格が下落するとプットオプションを銀行に行使されてしまうため、時価よりも不利な価格で豪ドルを購入しなければならないというものです。

デュアルカレンシー預金の仕組み

この商品に100万円を預金した場合の動きを分析してみましょう。

はじめに、預金者は銀行に対して豪ドル建て、権利行使価格95・15円（＝特約レート）のプットを売り、プレミアムを得ます。このプレミアムの理論価格は8200円ですので、本来、預金者は、この金額を最初に受け取ることができます。

しかし、この銀行から顧客に支払う預金利子は年6％なので年間6万円。うち1ケ月のみの支払い（預入期間1ケ月の仕組預金）ですので5000円です。

プット売却収入の8200円から預金者への支払い5000円を引いた差額3200円が銀行の利益となり、粗利率は30％を越える計算です。

オプションの行使期日となり、権利行使価格よりも顧客にとって不利な為替水準（豪ドル安）であれば、銀行はオプションを権利行使し、特約レート（＝プットオプションの権利行使価格）として定めた1豪ドル＝95・15円で預金者には強制的に豪ドルを買わせます。

100万円の預金をしていますので、預金者は1万509豪ドルを得ることとなります。

しかし、このときの時価は、1豪ドル＝93・45円でした。

市場価格で豪ドルを買えば、1万700豪ドルを得られたはずですので、その差額191豪

図16　デュアルカレンシー預金の仕組み

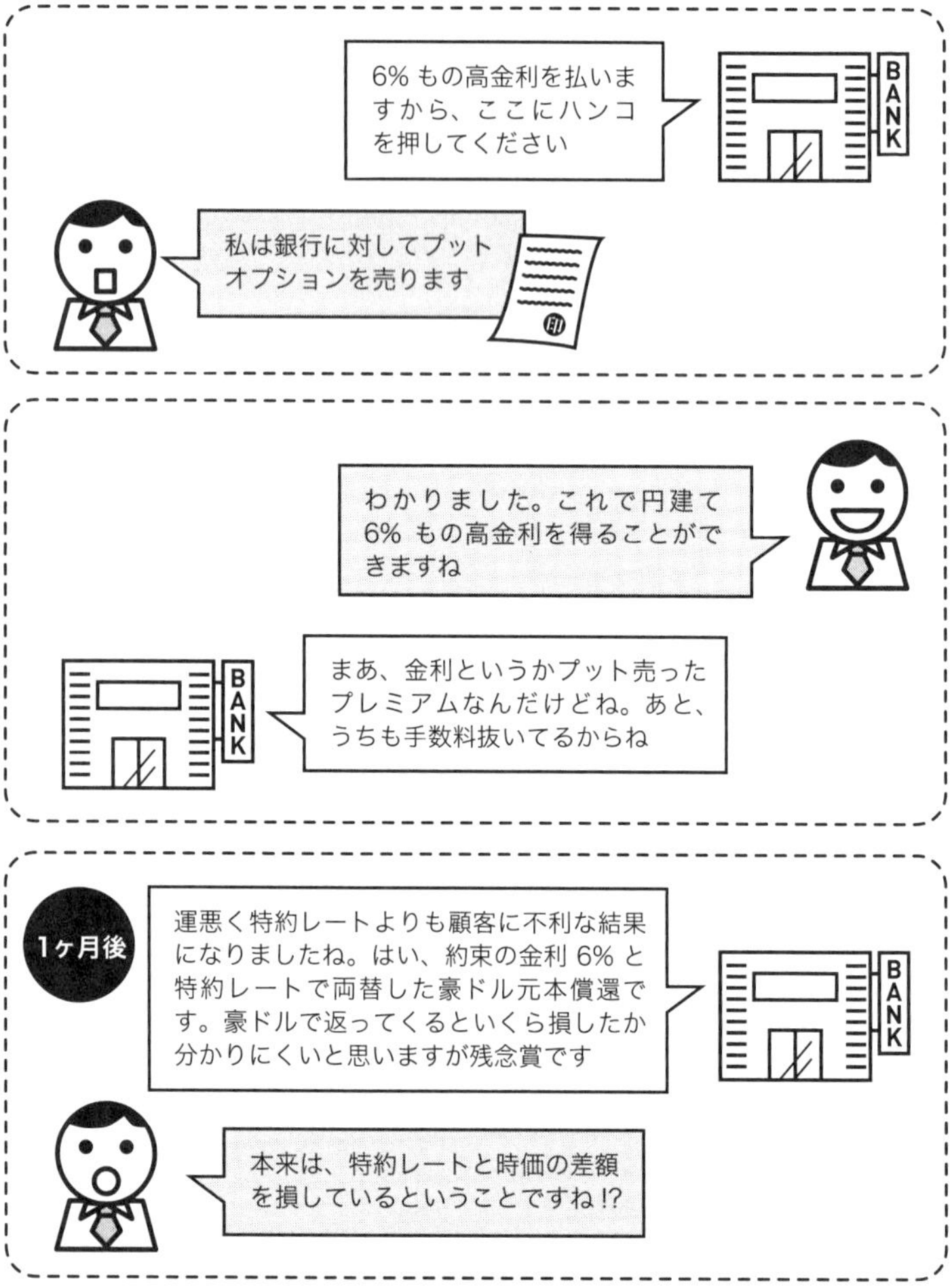

ドル（約1万7848円）は預金者から見ると損失となります。

一方、特約価格よりも市場価格のほうが高い場合、銀行のもつプットオプション（預金者に特約価格で豪ドルを買わせる権利）を放棄するため、預金元本に変動はなく100万円はそのまま返還され、それにくわえて預金金利（元来はプットオプションのプレミアム）を得ることができます。

銀行から見た価格変動リスクのヘッジ法

なお、プットオプションが行使されてしまった場合でも、預金者の損が銀行の利益になっているわけではありません。

銀行は、為替水準により損失が出るかもしれないギャンブルのようなポジションはとりませんので、為替市場でヘッジをします。

銀行はプットオプションを大量に買っているため、外貨の価格が上昇するとプットの価値はなくなり損をしてしまいますので、それを相殺するため外貨を購入します。

外貨プットの買いと外貨現物の両方を持てば、プット価格が下落するときには外貨の価格上昇がそれを打ち消すため価格変動リスクはありません。

このようなヘッジ方法をデルタヘッジといい、リスクをとりたくない金融機関のヘッジ手段としては、もっとも一般的です。

さて、デュアルカレンシー債の仕組みから考えると、高い預金金利は高い為替のボラティリティというリスクを取るために得られるリターンだといえるでしょう。

（ボラティリティが上がるとプットオプションを売って得られる収入は増えます。）

また、金利は年率表示ですが実際には資金を預けた日数の日割り分しかもらえないため、金利実額を計算し、それと為替リスクを天秤に掛けて投資判断をするのが賢明です。

※注釈　実際にはデルタヘッジで外貨現物を買うことはなく、それと等価になるようなポジションを建てますが、考え方としてはＦＸで外貨を買い建てしても同じです。

システムトレードと月利２％のＦＸファンド

「ＦＸファンドに投資して月利２％の分配金を」という勧誘をしている人が希にいるようです。このようなファンドを名乗るものの中には、まったく実態のない詐欺のようなものも多く含まれています。

あやしげなファンドの詐欺被害に遭わないために

投資セミナーや情報商材で紹介された投資にはお金を出さないのが鉄則ですが、高利回りに魅せられ、大きなお金を預けてしまう人も少なくありません。ひとつのファンドで数十億円を集めたところもあるようです。

さて、ＰＡＭＭ（パム）と呼ばれるこのようなファンドは、いったいどのような仕組みで月利２％（年利24％以上）もの高利回りを約束しているのでしょうか。

この種のファンドは、税金や法律の縛りをかいくぐるため、シンガポールなどオフショア諸国でトレーディングをしており、日本では、トレーダー本人ではなく勧誘業者がＦＸセミナーなどと称して集客し、資金を集めているのが特徴です。

勧誘業者は、集めた資金量に応じて月利１％から、場合によっては顧客へ約束した利回りと同水準の手数料を得るなど高額な勧誘報酬を得ています。

集めた資金がどのように使われているかは、出資者には知らされません。

本当にＦＸ市場で運用されているのか、もしくは、配当を出すための資金を集める自転車操業なのかもわかりません。

残高レポートも第三者の監査を受けているものではありませんので、そのまま信じていいのか疑問です。

仮に健全に運用されていたとしても、取引のたびにＦＸ業者から売買手数料のキャッシュバックを得ているようなファンド運営者もおり、顧客との利益相反となっていることもあるようです。

この種のファンドは、最初の1年程度は予定どおりに配当を出しますが、その後、突然に破綻することが少なくありません。

これも、本当に破綻したのか、集めた資金を持ち逃げするための計画倒産だったのかも分かりません。

このような海外と金融商品を絡めた経済犯罪は、詐欺罪としても立件しにくいため、自分の身は自分で守るしかありません。

このような投資詐欺で大切な資金を失わないためには、

- 仕組みや構造のよく分からない商品には投資しない
- 情報商材や投資セミナーに関わらない
- オフショアファンドを勧誘する金融ブローカーと接触しない
- 大きな資金を預けるのは有名な大手業者のみとする
- **監査法人の会計監査を受けていないファンドへは投資しない**
- 無名な業者に投資したいのであればネットで評判を検索したうえで現地を見に行く
- 有名投資家や芸能人が運営している、買っているというセールストークを信用しない

など、自らの資金を守るために最低限、するべきことを忘れないようにしましょう。

個人でも手軽にできるシステムトレード

FXをやっている人ならば、MetaTrader4（MT4）という自動売買のソフトを利用できることをご存じだと思います。

このような自動売買やシステムトレードといわれる取引環境を個人でも気軽に利用できるようになったことは歓迎すべきことでしょう。

MT4には、あらかじめつくられたプログラムに従い自動売買をするアルゴリズム・トレードと、FXの達人たちの行う取引と同じポジションを建てるコピー・トレードと呼ばれる取引を行うことができます。

このようなシステムを利用するのと他人に資金を預けてしまうファンドには、ひとつ大きな違いがあります。

MT4のようなシステムを使う場合には、入出金も取引実行をするのも自分です。そのため、いつでも運用停止して出金することができますので、詐欺に遭う心配はありません。

システムトレード自体は非常に公正な取引環境だといえるでしょう。

ただし、MT4向けの有料トレード・アルゴリズムを購入したり、FXの達人としてコピー・トレードの師範となっている人たちの真似をすれば本当に勝てるのかは別の問題です。

MT4関連のウェブサイトを見ると、高収益をうたう怪しげなアルゴリズムがたくさん販売されていますが、これらのアルゴリズムは今後も勝ち続けられるものなのでしょうか。

ＦＸチャートの規則性を発見してランダム・ウォークを征するのは簡単なことではないように思います。

コラム 金融商品の基本ルールをまとめると

ここまでに、いくつかの金融商品の裏側を説明してきましたが、まとめれば次のような考え方が根底にあります。

- 高利回りをうたう非上場ファンドの中身は、じつは誰でも買える上場商品の組み合わせでできている。非上場ファンドよりも上場商品を積極的に活用しよう。
- インカムゲインの源泉になりうるのは、債券やローンの金利、不動産賃料や事業経営から上がる収益の配分、オプションの売り（株価のボラティリティや保険）以外にはない。この3

つをしっかり理解することからはじめよう。

●各国の通貨は、保有しているだけで複利の利子がつくため、長期投資ではリスクフリー・レートとのスプレッドが投資に対する真のリターンとなる。それがリスクに見合っているかを検討しよう。

●デリバティブや仕組債など複雑な金融商品には、市場金利やボラティリティから計算した理論価格といわれる妥当な価格が存在することを知ろう。

●証券会社のビジネスは、理論価格に近い金額で安価に金融商品を仕入れ、それに手数料を乗せて一般投資家に販売しているもの。手数料が売買価格に含まれている金融商品の場合、理論価格との乖離が手数料であることを認識しよう。

●金融市場では、元本を全額拠出せずとも結果が同じであれば差金決済によるレバレッジが許される。高利回り商品でもレバレッジが効かなければ資金効率（ＲＯＥ）は悪くなるため、自己資金比での収益率をＩＲＲやマルチプルなどの指標で確認しよう。

金融商品の仕組みについて理解が進むと、多くの人がこのような結論にたどり着くのではないでしょうか。

そして、「このファンドを買って手数料を払うくらいなら、自分でこれとあれを組み合わせて保有したほうがいいな」などと考えられるようになれば、それはすでに証券会社の営業員と同じ金融リテラシに達した中上級者だといえるでしょう。

第4部

REIT（不動産投資信託）

安定したインカムゲインは、債券や高金利通貨のみならず不動産の賃料からも得ることができます。

ＲＥＩＴ（Real Estate Investment Trust）は、その名前のとおり、投資家から集めた資金に銀行借入を使ってレバレッジをかけて不動産を購入し、その賃料収入と将来的には物件の売却益を投資家に分配するというシンプルな構造のファンドです。

市場環境により、ＲＥＩＴのような不動産資産に投資妙味を見つけられる時期もあろうかと思いますので、どのような特徴のあるアセットクラスなのかを理解しておきましょう。

Chapter 6

インカムゲイン投資家のための高利回りREIT投資

日銀の資産買い入れで注目を集めるJ－REIT市場

ファンドバブルで一躍スターとなったJ－REIT

日本では、2001年にJ－REITとして不動産投資信託が上場しましたが、多くの人が認知したのは、ファンドバブルといわれた2007年ごろでしょう。

この年には、米国住宅バブルであふれかえった投資マネーが日本へも流れ込み、不動産ファンドから企業買収ファンドまで、多くのファンドが組成されました。

REIT市場も例外ではなく、膨大な額の不動産が証券化され、大型の取引が相次ぎました。

当時の専門誌では「モルガンスタンレー系ファンドがANAグループから13ホテルを約

2800億円で買収」「ティファニーが、銀座本店ビルを約380億円、坪約1億8000万円でゴールドマン・サックスに売却」など米国系ファンドを主役とした派手なニュースが誌面をにぎわせていました。

さらに、米国系以外にも、キャピタランド、GICなど、シンガポール系ファンドも日本の不動産市場へ参入し、また、沖縄開発、地方のスキー場などリゾート開発にバブル期以降ふたたび取り組むプレイヤーも現れるなど、毎日のように楽しいニュースが噴き出していました。

当時の市場のテーマは、「今回は、外資系ファンドが入ってきていて、いままでとは違う」であったと記憶しています。

J-REIT市場では、当初計画された利回り（キャップレート）で購入できる物件がなくなるほどに市場が過熱していたため、今後、賃料は値上がりするというシナリオをつくり上げ、その高い賃料を根拠とした購入基準に変更して買い進むファンドも少なくありませんでした。

また、一部のファンドは、オフィス物件に割安な賃料で入居していたテナントに対して賃料値上げ訴訟をするなど、高い購入価格を正当化するために、いまから振り返れば無謀な運営をしていたようです。

また、J-REITを運営する会社は、自社の関連会社から、高値で物件を引き取りファンドの保有物件とすることも少なくなかったため、J-REIT運営者と投資家の利益相反も指摘され「REITは不良物件のゴミ箱」といわれていたのもこのころです。

サブプライム危機は絶好の買いどき

このようなバブルはいつの時代でも長くは続きません。

最初に終わりを迎えたのは、ニューシティー・レジデンス投資法人というJ-REITでした。同法人は、資産規模が小さく、また、運営会社の看板が弱かったこともあり、金融機関からの融資を打ち切られ、短期資金のショートにより破綻しました。

この時代は、「まさか金融機関がJ-REITに対して資金を出し渋る」という局面は想定していなかったため、ほとんどのJ-REITは資金を数ケ月から1年の短期で借り入れ、その借り換え（リファイナンス）を繰り返すことにより事業を行っていました。

そのため、数ケ月ごとに訪れる借り換えの時期に、金融機関が融資を継続しないことを決めると、運転資金は簡単に尽きてしまう仕組みになっていたのです。

この資金ショートのニュースを受け、ニューシティー・レジデンス投資法人の投資口価格は1万円を割り込み、倒産した企業と同じように見なされていました。

私は、同REITには、投資口価格以上の解散価値があるはずだと考え、1万円となった同REITの投資口を買い集めたところ、その後、このREIT銘柄は大手運営者に買収され、私が購入した1万円の旧ニューシティー・レジデンス投資法人の投資口には16倍もの価格がつくこととなりました。

た。

日銀のＪ－ＲＥＩＴ買い入れによりふたたび活気づく市場

このように、サブプライム危機の時期にはＪ－ＲＥＩＴ市場も例に漏れず大打撃を受けました。

ＲＥＩＴの運営方針も、物件の追加購入による規模拡大（外部成長）よりも、既存物件の収益最大化（内部成長）を掲げるなど、借入を増やして規模を拡大することはリスクであるという認識が強まりました。

サブプライム危機後、はじめて変化が訪れたのは、**２０１０年12月よりデフレ脱却のための経済対策として、日銀がＪ－ＲＥＩＴなどの資産を継続的に購入すると発表した**ことでしょう。

世界経済全体の落ち着きと、日銀がＪ－ＲＥＩＴをサポートするというアナウンスとも受け取った市場の反応はよく、２０１２年からは右肩上がりに価格を取り戻し、２０１４年６月現在もサブプライム危機後の最高値圏で推移しています。

なお、近年では、ＲＥＩＴの物件取得基準や運営体制は、ファンドバブルのときに比べて、管理コストの削減、利益相反の排除、合理的な価格での物件取得など、多くの面で洗練され、悪くないものになったと思います。

REITの基本ルール

ＲＥＩＴのいいところは、有価証券報告書を見ただけでは経営の詳細が分かりにくい一般上場企業よりも内情を把握しやすい点です。

多くのＪ−ＲＥＩＴ銘柄は、各投資法人のウェブページより、保有物件、借入金、管理コストの一覧をExcelファイルとしてダウンロードできるようになっており、非常に透明性の高い情報公開をしています。

金額規模こそ数百億円と、なじみのない大きな数値ですが、物件をいくらで買っていて、現在はいくらの価値があり、賃料収入はいくら、など、個別に見ていけば、この先どうなるかを見とおしやすい点を利用しない手はありません。

それでは、ＲＥＩＴの各銘柄を評価するのにどこに着目すべきかを考えていきましょう。

不動産投資の収益力を高めるレバレッジ

ＲＥＩＴは投資家から集めた資金のみならず、それを自己資金として銀行から借入を起こして不動産を購入します。

２０１４年現在、ほとんどのＪ−ＲＥＩＴは物件価格に対して半分程度の自己資金を拠出し、残り半分は銀行借入に頼っています。

このような場合、借入比率は50％です。**ＲＥＩＴの世界ではＬＴＶ（Loan To Value）50％**といいます。

ＬＴＶが高ければ、少ない自己資金をもとに多額の借入を起こして大型物件を購入でき、低い借入金利とそれよりも高い賃料収入（から経費を差し引いた利益）の差額を投資家に分配できます。

そのため、**いまの低金利が続くのであれば、仮に不動産からあがる収益力は弱くても、借入比率が高ければ分配金の額を高くすることができるともいえます。**

時価評価によるロスカットはＲＥＩＴの宿命

では、借入比率は単純に高ければいいのでしょうか。

ＲＥＩＴが銀行から資金を借りる際の契約は、個人の住宅ローンとことなり、さまざまな制約を課せられているため、高いレバレッジは危険をともないます。

たとえば、**決算期ごとに鑑定評価といって保有物件をおおよそ時価で評価し、時価よりも借入金のほうが多い債務超過の状態に陥った場合、借入金を返済する義務が生じます。**

信用取引でいえば、株価の値下がりによるロスカットと同じ状態です。

さらに、借入比率が高い場合、金利上昇時の金利支払いも大幅に増えることを意味します。

これを避けるために、ＲＥＩＴは金利スワップという変動金利を固定金利借入に変える契約をしていたり、金利キャップという変動金利の上昇上限を定める契約をしていますが、その契約期間が過ぎた際には、保険料（オプションのプレミアム）が値上がりしていますので長期的には金利上昇の影響は避けられません。

このように、**レバレッジを高めすぎると、保有している不動産価格が下落した際にロスカットされる**リスク、借入金利上昇の際に財務を圧迫するなどの問題もあるため、個人の不動産投資とはことなり、高いレバレッジはリスクをともないます。

それに加えて、ＲＥＩＴと銀行の間にはコベナンツ条項という約束があり、借入比率を高めすぎない、黒字を継続しなければならない、など財務状況を常に健全に保つことを義務づけられています。

このように、社会の公器ともいえるＲＥＩＴの運用は、レバレッジを低くおさえて破綻《はたん》しない設計になっているともいえます。

投資セクター別の特徴を理解しよう

日本では、住居（おもに小規模なタワーマンション）、オフィス、店舗、ホテルに分散投資するＲＥＩＴが主流ですが、物流施設、産業施設に投資するものもあり、今後は高齢者向け住宅に投資するＲＥＩＴも上場が予定されています。

また、ＲＥＩＴ先進国の米国では、すでに高齢者向け住宅はＲＥＩＴとして定着しており、さらに、携帯基地局や民営刑務所までもがＲＥＩＴ化されています。

それではＲＥＩＴの投資する、それぞれのアセットクラスの特徴を簡単にまとめてみましょう。

住居系

日本の不動産市場では、住居は不況下でも安定した賃貸需要を期待でき、賃料や空室率は景気に左右されにくい特徴をもちます。

これは、東京都心のような人気のあるエリアは、近隣よりも賃料を下げれば、多少の悪条件を許容しても住みたい人はたくさんいるため、需給のミスマッチによる長期の空室は発生しないことが理由としてあげられます。

オフィス・店舗系

法人向けのオフィスビルや路面店舗は、住居系物件よりも多少、高い利回りを期待できるアセットクラスですが、立地や面積が企業の需要に合わない場合、空室が長期化する可能性もあります。

いくら賃料が安くても商売が成り立たない立地の店舗を借りる企業はないためです。

一方、**景気がいい時期には、一等地に立地することの多いオフィス、店舗系物件の賃料は高く取れ、物件価格も高騰する傾向**にあります。

なお、オフィスビルには住居系物件にはない賃貸募集の課題もあります。

たとえば、大規模テナント1社でビル1棟の全床を借りているケースは、シングルテナントビルなどとよばれていますが、同規模の大企業を誘致するのは容易ではないため退去後の再募集に苦労します。

米国では、このようなリスクを吸収するため、シングルテナントビルのみを集めて保有し、大数の法則により空室リスクをヘッジしながら高利回りを目指すというユニークな戦略のREITもありますが、日本のREIT市場は規模が小さいこともあり、そこまでニッチなREITは、いまだ上場していません。

ホテル系

REITは住居やオフィス物件のみならず、ホテルも保有しています。

REITがホテルの大家さんとなり、オペレーターと呼ばれる運営会社にホテル物件を賃貸して固定賃料を得るなど、物件所有者と運営者は別の会社となるのが一般的です。

それにくわえて、ホテルの売上げに応じて賃料を変動制にしたり、REITみずからが空室リスクを取ってホテルを運営するなど、大家さん兼ホテル経営という業態をとることもあります。

このように、住居系は安定したアセットクラス、それ以外は、賃貸付けのリスクは高いかわりに景気がいいときには賃料や物件価格上昇という「アップサイド」のねらえる資産であることを知っておきましょう。

高い入居率の秘密

ＲＥＩＴ各社の入居率集計を見ると、概ねどのＲＥＩＴでも１００％近い入居率を達成しており「さすがプロの運用」といいたいところですが、じつは、これには仕掛けがあります。

ひとつは、計算方法の問題です。都心の一般的な住居物件であれば、４年入居して２ケ月の空室が平均的でしょう。そこから計算すれば、入居率は96％です。

つまりは、特別なことをせずとも、もともと入居率は１００％近くあるべきなのです。

もうひとつは、広告料と呼ばれる、賃貸付けを成約させた不動産業者に対して支払う高額な成功報酬により誘導され、ＲＥＩＴ物件はその実力以上に入居者を集めていることです。

「仲介手数料無料で引っ越しできる」とする中小賃貸業者の広告を目にしたことがあるかと思いますが、顧客から手数料を取らずとも経営が成り立つのは、物件の貸主であるＲＥＩＴから賃料の数ケ月分に相当する成功報酬を受け取っているためです。

それでも訴求力が弱い場合、不動産業者の担当者個人に現金数万円程度を贈るなど、担当者ボーナスとよばれる報酬を支払うファンドもありました。

２０１４年現在では、ＲＥＩＴから不動産業者へ支払う成功報酬はファンドバブル期よりも大幅に減り、また、入居審査も厳しくなったことから、開示資料には現れない成功報酬などの間接費用を代償として、見せかけの賃料と入居率を高く誘導する運営は是正されてきたともいえます。

POINT **ＲＥＩＴのような大家業は税金の支払いがいちばん大変?**

不動産投資をしている人ならば、「不動産投資における最大のコストは税金。ＲＥＩＴも税金を支払うのが大変だろう」とお考えでしょう。

じつは、**ＲＥＩＴは、利益の９割以上を投資家に分配するなど、導管性要件といわれる規定を満たすことを条件に、法人税を支払わなくていいことになっています。**

さらに、信託受益権という方法を使うことにより、登録免許税と不動産取得税の支払いもせずに済んでいます。

これは、ＲＥＩＴに限らず、匿名組合やＳＰＣなど、ビークルとよばれる「投資からのお金を集める箱」となる会社には共通のルールで、集団投資スキームとよばれています。

そして、このビークルが投資家に分配金としてお金を支払った際、お金を受け取った投資家が税金を支払う仕組みとなっています。

2つの指標でREIT銘柄の実力を診断しよう

分配金だけを見て銘柄を選ぶのはやめよう

さて、このように不動産から得られる賃料収入を分配するJ－REITですが、どのような基準で個別の銘柄を選ぶべきでしょう。

J－REIT選びの基準として、もっとも多く用いられるのは分配金です。しかし、長期保有を目的とするならば、分配金ばかりに注目することは避けましょう。

高いレバレッジをかけて高リスクの不動産を保有すれば、高い分配金を払い出すことは非常に簡単であるからです。

そのような仕組みのREITは、大口テナント退去や借入金利上昇などの問題が発生した際、分配金や投資口価格が大きく下落するリスクがあります。

さらに、近年のJ－REITでは、「負ののれん」や「投資信託協会の規則」という会計上のルールを利用することにより、当期利益を越える分配金を出すことも認められており、**分配金はかならずしも当期の賃料収入が原資とは限りません。**

当期利益を越える分配金は、不動産の値上がり評価益をあてにして先に分配してしまう性質のものであったり、減価償却費という建物の経年劣化による価値下落を先送りすることにより実現していると考えられなくもありません。

逆に、物件を売却して大幅に利益が出た場合でも、今期にすべての利益を配当せずに留保しておくこともあります。

このように、会計上のルールを利用することにより、仮に本業の利益が十分に出ていなくとも、しばらくのあいだは高い分配金を安定して払い出すこともできる仕組みとなっていることは知っておきましょう。

そのため、分配金の多少のみならず、J－REITの実力ともいえる、不動産資産の本来的な価値を考えることが重要なのです。

J－REITに長期投資をするのであれば、大口の不動産投資家になったつもりで、そのREIT銘柄を丸ごと買収することを想像してみてください。

保有している不動産の時価、不動産や賃料の値上がり期待、賃貸入居の安定性、予期せぬ問題が発生した際に運営会社はグループ会社と連携してフォローしてくれるか。

当期にどの程度の賃料収入を得て、それに対する経費はどれほどかかっているか。適正な利回りで新規物件を取得できているか。

このような視点でファンド全体の実力を評価することをおすすめしたいと思います。

割安銘柄を見つけるにはNAVを見よう

では、REITの実力を評価するためには、どのような点に着目すればいいのでしょうか。ひとつは、**NAV（Net Asset Value）とよばれる解散価値に注目してみましょう。**

ニューシティー・レジデンス投資法人が破綻した際、私が自信をもって買い向かうことができたのも、この解散価値を計算したためです。

REITのNAVとは「保有している物件をすべて売却し、その売却金で借入金をすべて返済し、投資法人を解散したときに手元にお金がいくら残るか」という意味合いです。

100億円のビルをもっていて借金が60億あれば、純資産すなわちNAVは40億円です。そのため、REITの投資口価格とNAVが同価格であれば、純資産倍率1倍となり、フェアな値付けがされているといえますが、景気のいいときは、「1株あたりのNAV」を大幅に上回る価格でREIT銘柄が取引されることも少なくありません。

それは、40億円の入った「透明な箱」を50億円で買うようなものですので、理論的には物件価格がそこまで上昇しない限りは、いつか必ず投資口価格は下がり、損が出る計算です。

さて、一般企業の株は純資産倍率を超えて買い進まれることが一般的であるのに対して、なぜ、REITではそれを越えた評価をつけることに慎重になるべきなのでしょうか。

一般企業では、たとえばゲームコンテンツ企業のように、資産をはなくとも、増収増益を続ける期待をもとに、高い株価収益率を説明できる企業もありますが、REITの場合、突然にヒット商品をリリースして1株あたり利益が急増することはありません。

あくまで、**ＲＥＩＴの収入源は不動産からの賃料収入と転売益だけですので、賃料収入または物件価格に大幅な先高感がない限り、解散価値を越えて買い進まれる理由はないのです。**

なお、各Ｊ-ＲＥＩＴ銘柄のＮＡＶは、資産運用報告書などに記載されておりウェブサイトから確認することができます。

POINT NAV計算方法の裏事情

いままでの説明のように、時価評価した解散価値をＮＡＶとしている場合と、会計上の純資産（物件価格の値上がりを考慮しない物件購入時の取得価格、すなわち簿価ベース）をもとにＮＡＶを計算している銘柄が混在していますので、指標がどのように計算されたものなのかを確認する必要があります。

なお、時価評価したＮＡＶといえども不動産の市場価値とかならずしも同額ではありません。時価評価は、あくまで不動産鑑定士が規定の「鑑定手法に従い評価した時価」に過ぎませんので、これは市場で買い手がつく「本当の時価」とは合わないこともあります。

とくにＲＥＩＴが物件を売却する際は、ＮＡＶと大幅に乖離した価格で売却されることも少なくありません。

これは、鑑定価格を計算する不動産鑑定士は、かならずしも客観的な第三者としてではなく、ファンドの意向をある程度ふまえた鑑定価格をつけるケースもゼロではないこと、また、実勢価格よりも高い評価をしてしまうと、高値づかみの原因となり、鑑定士の責任問題になりかねませんが、その逆は、「鑑定評価よりも高く売れてよかったですね。売却担当者の腕がよかったのでしょう」で済まされることもあるためかもしれません。

そのため、かならずしも投資口価格がＮＡＶを越えれば割高であるとは断言できないこともありますが、それでもＮＡＶと投資口価格の比較（ＮＡＶ倍率）は投資判断の参考になる指標であるといえるでしょう。

REITのNOI利回りにも注目しよう

さて、もうひとつREITを評価する際に見ておきたいのは、「保有している物件からどれだけの賃料（から経費を引いた利益）を得られているのか」を示すNOI（Net Operating Income）と、それを不動産取得価格で割り算した、NOI利回り（単年度利回り）という指標です。

通常、ＮＯＩ利回りは、ファンドが物件を購入したときの取得価格である簿価を分母として計算し、ファンドが適切な価格で物件を購入できているかを評価したり、物件の時価である鑑定評価額を分母として計算し、現在の不動産市況の値ごろ感をチェックするために計算されます。

しかし、ＲＥＩＴを購入する投資家は、簿価や鑑定評価額で投資口を購入するわけではありませんので、次ページの図17のようにＲＥＩＴの資産を整理して、現在の投資口価格でＲＥＩＴ銘柄を購入した場合のＮＯＩ利回りを考えてみることが必要でしょう。

このＪ－ＲＥＩＴ銘柄の例では、ファンドが不動産を購入したときの価格（簿価）をもとにＮＯＩ利回りを計算すると５・６６％という悪くない利回りを得られますが、現在の投資口価格は、このＲＥＩＴの純資産の１・５７倍と高騰しています。

その投資口価格の高騰を考慮に入れたＮＯＩ利回り、すなわちこのファンドを時価総額で丸ごと買収したと仮定したときのＮＯＩ利回りは４・４０％まで下がってしまいます。

実際には、総発行投資口数の10万分の１など、小さなポジションしか保有しないのはもちろんですが、ファンド全体を購入しても10万分の１だけでも、得られる利益率は同じですので考えかたは同じです。

ここまでが計算できれば、あとは、このファンドが保有している物件をひとつずつ見て、他のＲＥＩＴ銘柄や現物不動産市況の価格と比較すれば、ＮＯＩ利回り４・４０％が妥当なのかを判断することができます。

私の感覚では、このＲＥＩＴ銘柄は物件ポートフォリオが貧弱な割には、港区に位置するＡクラスビルなみの低い利回りまで買い進まれていること、また、次ページの図17では簡略化のために省略していますが、実際には、ここからＲＥＩＴ運営費用を差し引いて考える必要もあ

図 17　J-REIT の収益率を計算するために必要な項目

損益計算（すべて半期）	計算方法	金額（億円）
a．賃料売上げ（半期）	—	83.1
b．賃貸経費（減価償却費含む）	—	35.4
c．REIT 運営経費	—	8.25
d．物件売却損	—	3.85
e．利息支払い等	—	8.6
f．会計上の当期利益	a－(b+c+d+e)	27
g．積立金取り崩し	—	5.4
h．分配金	f+g	32.4
i．減価償却	—	15.8
指標の計算	**計算方法**	**金額（億円）**
A．不動産 NOI（半期）	a-b+i	63.5
B．NAV（簿価ベース）	資産合計 - 負債合計	1,117
C．REIT 時価総額	—	1,757
D．NAV 超過額	C-B	640
E．NAV 倍率	C/B	1.57
F．投資口時価で見た不動産みなし価値	D+ 物件取得価格合計	2,885
下記は 1 年換算利回り	**計算方法**	**年換算%**
NAV1.0 倍で買った不動産 NOI 利回り	(A×2) / 物件取得価格合計	5.66%
現在の投資口時価で買った不動産 NOI 利回り	(A×2)/F	4.40%

※本書では NAV を時価で評価した REIT の解散価値としていますが、この表では NAV は取得価格（簿価ベース）をもとにした会計上の純資産です。

るため、さらに利回りは低下することを考慮に入れると、多少の過熱感を感じます。

解散価値よりも高い投資口価格となる理由

ところで、なぜ、J－REITは、保有する不動産資産の本来的な価値を越え、実力以上の評価をされることがあるのでしょうか。

現在のJ－REIT各社が、NAVを大幅に越えて買い進まれているのは、日銀の買い入れによる下支えがある安心感にくわえ、REIT保有者の多くは投資信託経由の個人投資家、地銀や信金など不動産評価に慣れていない初心者投資家であることも影響していると思われます。

このような投資家の多くは、株式市場全体の動きに連動して、また、分配金利回りを基準にJ－REITを売買します。

そのため、**REIT銘柄の内実はあまり分析されず、REITの本来価値であるNAVやNOIを無視して人々の相場感によりREITが買い進まれることもある**でしょう。

さて、このように、現在のJ－REITのNAVを大きく越えた価格がつく場合、多くのアナリストは「投資家は今後の賃料収入の上昇に期待している」と説明をつけます。

J－REITの採用している鑑定評価の仕組み上、賃料収入が増えればNAVも連動して上がるためです。

しかし、実際には、初心者投資家が賃料収入の将来的な上昇まで計算に入れて売買していることは考えにくく、分配金だけを見て買われている勘違いといったほうが適切でしょう。

そのような場合、最後はババ抜きになる可能性もあり要注意かもしれません。

ＲＥＩＴは不動産投資の代替となり得るか

これまで説明してきたように、個人の行う現物不動産投資とＲＥＩＴでは、多くの点がことなります。

その中でも、**現物不動産投資とＲＥＩＴ投資のもっと大きな違いは、借入比率（ＬＴＶ）と価格の変動要因**だといえるでしょう。

レバレッジ比率と借入ルールの違い

Ｊ－ＲＥＩＴのＬＴＶは２０１４年現在50％程度となっており、金融機関からの借入は半分だけです。現物不動産への投資では、ＬＴＶは80～90％とハイレバレッジになることが一般的ですので、自己資金比率で見た利回り（ＲＯＥ）はまったく異なり、Ｊ－ＲＥＩＴは現物不動産投資に比べて資金効率が悪いといえます。

これにも理由があり、ファンドバブルの時代にニューシティー・レジデンス投資法人が資金ショートしたこと、また、いくつもの外資系私募ファンドがLTV90%ものハイレバレッジを効かせて破綻したことから、その反省もあり安全運転をするようになったと考えられます。

一方、個人で現物不動産投資をした場合、たとえば自宅を頭金ゼロで買うような超ハイレバレッジをかけた場合においても、銀行とのローン契約上、物件価格の下落によってロスカットされることはありません。

いわば、個人の場合、物件価格の下落による評価損は、実質的に銀行が負担してくれるという特権があるのです。

そして、**このような借入ルールの違いは、同じ不動産投資でもその意味合いをまったくことなるものにしている**といえます。

現物不動産投資については、拙著『不動産投資 1年目の教科書』（東洋経済新報社）でも詳しく説明しています。

> **WORD 私募ファンド**
>
> 非上場の投資ファンドのことです。日本では、少人数私募債とよばれる49名以下の一般投資家からのみ資金を集められる方式のファンド、また、適格機関投資家とよばれるプロ投資家のみに限って募集しているファンドなどがあります。

なお、私募ファンドの組成、運営には第一種金融商品取引業の免許、ファンドを投資家へ紹介して投資を募るには第二種金融商品取引業の免許が必要であり、**許認可には相応のハードルがあるため、腕に覚えのある個人投資家といえどもファンドを立ち上げることは容易ではありません。**

なかには、ファンド許認可の抜け道ともいえる「適格機関投資家等特例業務」といわれる制度を使って、私募ファンドを運用している個人運用者もいましたが、近年では、このような抜け道もふさがれつつあります。

不動産よりも株式市場に連動するＲＥＩＴ価格

ＲＥＩＴが不動産投資の代替となり得ないもうひとつの理由は、価格の変動要因の違いです。**Ｊ－ＲＥＩＴの価格は、現物不動産よりも株式市場との相関が高いことは理解しておく必要があります。**

Ｊ－ＲＥＩＴの価格変動要因を分解して考えると、日経平均株価の騰落、分配金利回り、ＮＡＶ倍率などが大きく影響しており、おおむね、ここにならべた順に寄与率は高いといえるでしょう。

なぜ、不動産に投資するための「透明の箱」であるはずのＪ－ＲＥＩＴは、不動産よりも株式市場の影響を受けやすいのでしょうか。これには、現物不動産とＪ－ＲＥＩＴでは投資家の考えかたが大きくことなることが影響しています。

現物不動産を保有する人の多くは、先代からの土地を相続した地主や大企業のように、価格が上がっても下がって売買をしない人たちであるため、相場観により頻繁に売買を繰り返す投資家は多くありません。そのため、価格下落局面でも一斉に投げ売りが出ることはなく、価格変動はゆるやかです。また、昭和のバブル期とファンドバブル期がそうであったように、銀行融資が旺盛になれば不動産価格は上昇します。

一方、J－REITでは、投資信託経由で投資する高齢の個人投資家が多いこともあり、株が上がればJ－REITにも注目が集まります。そのような投資家の中には、高利回りの分配金を安定して得られるイメージでREITを選ぶ人も少なくないため、景気のいいときには、これといった理由なくREITの実力以上に買い進まれてしまうこともあります。

逆に、株が下落すれば、ほかの損失をうめるためにJ－REIT投信もあわせて売られるなど、株式市場の流れに連動して機動的に取引されます。

また、**全J－REITの時価総額を合計しても、東証1部株式時価総額の2％程度に過ぎず、市場規模が非常に小さいため、個人投資家の少額な資金でも投資口価格は大きく動いてしまう**ことも知っておきましょう。

ほかにも、次ページの図18のように、REITと個人では同じ不動産投資でも基本ルールがまったくことなるため、取り得る戦略、リスク・リターンも別物だと考えるべきでしょう。

図18　J-REITと個人による不動産投資の条件の違い

	J-REIT	個人投資家
時価評価によるロスカット	あり	なし
レバレッジ	2倍程度	5～10倍
自己資金	増資して自己資金を増やし、物件取得を拡大できる	他人から集めた資金を自己資金として銀行融資を受けることはできない
借入金利水準	最優遇の市場金利	市場金利＋100bp程度
借入金利の変動	市場金利と連動	多少の市場金利変動であれば借入金利は変わらない
返済方法	一定期間ごとに金利のみ支払い。物件の売却金で元本を一括返済	元本と金利を毎月支払い
固定金利化による金利リスクヘッジ	金利スワップ契約	固定金利に借り換えはできるが高いので一般的でない
支払い金利の上限を契約	金利キャップ契約	一般的ではなく困難
購入できる物件	一等地のSクラスビル、物流施設やホテルも可	概ね5億円以下の事務所と住居
遵法性	遵法性は重要。建築基準法に違反する物件、旧耐震基準の物件は保有できないことが多い	利回りがよければ遵法性は妥協されることも
価格変動	株式市場の影響を受けやすい	融資動向や物件個別要因の影響が強い
税金	登録免許税、不動産取得税、法人税はかからない	登録免許税、不動産取得税がかかる。すべての収入に課税される

Chapter 7 海外ＲＥＩＴにも投資できる

ETFから海外REITへ簡単投資

日本のＲＥＩＴだけでなく、海外ＲＥＩＴにも積極的に収益機会を探してみましょう。世界を見渡せば、次ページの図19のように32ケ国に約７００銘柄、時価総額１３９兆円のＲＥＩＴが上場しており、これらの中には日本のＲＥＩＴよりも高利回りの分配金を払い出す銘柄も数多く存在します。

海外ＲＥＩＴも基本的には、日本のＲＥＩＴと大きく変わらない仕組みですが、その種類は非常に豊富です。

森林に投資してその木材を販売するＲＥＩＴ、リゾート施設、倉庫、公共インフラへの投資など、めずらしい投資対象を選択している銘柄、また、住宅ローン債権に投資するモーゲージ

図 19　世界の REIT 銘柄分布

	上場銘柄数	時価総額（百万米ドル）	比率
米国	244	836,557	60.1%
オーストラリア	57	96,071	6.9%
日本	46	84,544	6.1%
フランス	33	77,724	5.6%
イギリス	24	66,666	4.8%
カナダ	49	53,685	3.9%
シンガポール	33	51,806	3.7%
南アフリカ	38	25,680	1.8%
香港	9	22,576	1.6%
メキシコ	8	18,316	1.3%
ベルギー	16	10,593	0.8%
トルコ	25	9,107	0.7%
オランダ	4	8,890	0.6%
マレーシア	15	7,110	0.5%
ニュージーランド	3	2,597	0.2%
その他 17 カ国	89	19,068	1.4%
	693	1,390,987	100.0%

※2014 年 7 月現在　REIT を保有する ETF をのぞく個別銘柄のみ集計
Bloomberg のデータをもとに筆者作成

ＲＥＩＴとよばれる銘柄、さらに、先進国だけでなくトルコやマレーシアなどの新興国にも、現地へ投資するＲＥＩＴは上場しています。

ここでは、世界のＲＥＩＴ時価総額のうち約6割を占める巨大市場、米国市場に上場するＲＥＩＴ銘柄をいくつか見ていきたいと思います。

米国市場のＲＥＩＴ全体へ分散投資

銘柄名	Vanguard REIT ETF			ティッカー	VNQ
時価総額	総資産 220億米ドル	12ケ月分配金利回り	3.65%	経費率	0.10%
コメント	ベンチマークはMSCI US REIT Index、世界最大のＲＥＩＴ ＥＴＦ、主な投資先 サイモン・プロパティーズ、パブリック・ストレージほか				

海外ＲＥＩＴになじみのない人は、個別銘柄を評価するのは難しいため、ＲＥＩＴ ＥＴＦを通じて幅広い銘柄に投資することを考えている人が多いでしょう。

そのような場合は、Vanguard REIT ETFをチェックしてみてください。このＥＴＦは、米国最大規模のＲＥＩＴ銘柄サイモン・プロパティーズをはじめ、時価総額の大きい銘柄の中から、極端に分配金利回りの低いものを除外して保有しています。

運用報酬は０・１％と非常に低く、米国ＲＥＩＴを保有するＥＴＦの中ではもっとも人気があります。

海外ＲＥＩＴになじみのない人は、このような、個別ＲＥＩＴ銘柄を詰め合わせにした大型ＥＴＦから海外ＲＥＩＴ投資をはじめてみるのもいいでしょう。

個別銘柄を選んでさらに高利回りを目指すなら

銘柄名	American Realty Capital Properties	ティッカー	ARCP
時価総額	118億米ドル	12ヶ月分配金利回り	7.37％
コメント	モーゲージREITをのぞく米国REIT個別銘柄の中ではもっとも分配金利回りが高い。主な投資先は米国のシングルテナントビル		

このＲＥＩＴは、フェデックスやジェネラル・エレクトロニクス（ＧＥ）のような大企業のオフィス、また、郊外のショッピングモールの中にある大規模店舗など、１つのテナントが物件全体を借りているシングルテナントビルを全米に３８００件も保有しており、このようなシ

ングルテナントの空室リスクを大数の法則でカバーする戦略により、高い入居率を確保するとともに、高利回りの分配金を払い出すことを可能としています。

このような一括貸し物件は、大規模ゆえにテナント探しが難しく、テナントが退去してしまうと、その後、何ケ月も賃料が入ってこない期間が続き、キャッシュフローが悪くなるという問題をかかえています。

そして、数億円規模の大型物件が長期間空室になるリスクを甘受できる投資家は多くないため、不動産市場ではあまり好まれるタイプの物件ではありません。

そのような物件を割安に仕入れ、数多くを保有することにより、ファンド全体で見れば安定稼働となるように運用することが、このファンドの投資戦略です。

このように、ファンドの規模を生かして、本来は高リスク・高利回りの投資対象を、低リスク・高利回りに変えているのは、巨額な資金を保有するREITにしかできない賢い投資法だといえるでしょう。

なお、このREITはテナントとの賃貸契約の際に解約制限を設定することも特徴で、2014年7月現在では、平均して10・8年の賃貸期間が残っており、入居率は99・7%と高く安定しています。借入比率（LTV）は約50%です。

長短金利差を利益に変えるモーゲージＲＥＩＴ

銘柄名	Annaly Capital Management	ティッカー	ＮＬＹ
時価総額	109億米ドル	12ケ月分配金利回り	11・71％
コメント	短期調達した資金を長期のエージェンシー債にレバレッジをかけて投資して長短金利差を得る		

米国にはモーゲージＲＥＩＴという日本には存在しない形態のＲＥＩＴがあります。

たとえば、アナリー・キャピタルというモーゲージＲＥＩＴは、１％程度の安価な短期金利を調達し、その資金をレバレッジ5倍で残存期間20年超の米国政府保証付き住宅ローン債権（エージェンシー債）に投資しています。

このファンドの保有するエージェンシー債の最終利回りは３・２％ですので、借入金利１％との差額を利益として投資家に分配することができています。

このように、**モーゲージＲＥＩＴは、安価な短期資金を大量に借り入れ、それを長期のローン債権に投資することにより長短金利差を収益としています。**

借入金利が上昇してしまうと大きな損を被ることは指摘されていますが、現在のところは年

10％を超える分配金を出すことができています。

なお、エージェンシー債は、住宅ローンを借りている個人への貸し倒れが発生しても政府が返済を肩代わりしてくれるため、このファンドはREITとはいえ、本質的には不動産ではなく、国債に近い債券にレバレッジをかけて投資していると考えることもできます。

海外REITの分配金利回りを理解しよう

これまでに、分配金を払い出すREITやETFをいくつか紹介してきましたが、分配金利回りの計算についてもしっかり理解しておきましょう。

米国上場のETFやREITの分配金利回りには、直近配当を年換算して株価で割ったもの、過去12ケ月の平均分配金を株価で割ったものの2種類が併用されています。

分配金利回りがどちらを意味しているのかを知っておきましょう。

たとえば、直近に高額な特別配当を出している場合などは、過去12ケ月平均は、今後の分配金利回りを予想するためには使えません。

このような場合は、過去の分配金「額」の推移を見ながら、将来の利回りの予想を立てるといいでしょう。

なお、分配金は、保有しているＲＥＩＴ銘柄の収益状況により変わってきますので、高配当ＲＥＩＴが、いつまでも高配当とは限りません。

日本で売られている海外ＲＥＩＴ投信の過剰配当に注意

日本の投資信託の中には、これらの海外ＲＥＩＴを保有することを目的としたものも、いくつかあります。

そして、それら米国ＲＥＩＴへ投資する投資信託の中には、分配金利回り20％を超えるものもありますが、一般的に米国ＲＥＩＴは３～６％程度の分配金しか出していません。

これは、透明な箱に、いくつかのＲＥＩＴ銘柄が入っており、箱の中では３つの果実しか生まれていないのに、箱の外にいる投資家に払い出されるときには、なぜか20個も出てきてしまう、というたとえが分かりやすいかもしれません。

日本の投資信託は、海外上場のＲＥＩＴ銘柄を保有しているだけですので、投信の中身である海外ＲＥＩＴよりも高収益になることはあり得ません。

その差は、投資家がはじめに出した資金が投資されずに返ってきたものです。このような、過剰配当は「タコ配」と呼ばれています。

せっかくREITに投資しようとして手数料を支払い、投資信託を購入したのに、投資されずに戻ってきては何の意味もありません。

このような仕組みになっているのであれば、日本の投資信託を経由せず、はじめから米国に上場しているREIT銘柄を購入したほうが手数料も少なく、合理的ではないでしょうか。

逆のいい方をすれば、読者のみなさまもお気づきのとおり、日本で売られている海外REIT投信は買ってはいけない商品なのです。

コラム 新興国の成長と投資リターンに相関はあるのか

いま、新興国の中には、古いバラックを近代的な高層コンドミニアムに建て替え、東京のそれとはまったくことなる大規模な都市開発により、大きな変容を遂げている国がたくさんあります。

沸騰を続ける新興国市場に投資妙味はあるのでしょうか。

以前、「これからはフィリピンの電力会社の株がいいと思うがどうなのか」という相談を受けたことがあります。

彼の主張は、「フィリピンにはまだ発展の余地があり、電力会社であれば長期保有しても潰れることはないだろう」というものでした。

フィリピンは今後も経済成長を続け、電力会社は潰れないという点には同意します。しかし、経済成長を続ける国の潰れない会社の株を保有すれば、長期的には上昇を見込めるものなのでしょうか。

これは、「これからは食糧不足になるから穀物を買うべきだ」という意見とあまり変わらないように聞こえます。

▼世界のすべては株価に織り込まれている

現在の株価には、将来の成長期待もすべて織り込まれているというのが市場の理論であり、さらには、過剰な期待により実力以上の値付けをされていることも少なくありません。

アジアの小型株のように、その財務内容やプレスリリースを適正に評価されていないために解散価値以下で放置されているバリュー株の中には、上昇の見込めるものもあるかもしれませんが、これは、取引に関わっている人が少ないため見落とされている、すき間のようなものでしょう。

一方、フィリピンの電力会社や穀物のように**メジャーな投資対象には、そのようなすき間は少なく、誰もが考えつく期待は、すでに株価に織り込まれていると考えるべきでしょう。**

では、新興国の株価は何を参考にして動くのでしょうか。

2000年以降は、IT技術とファンドスキームの普及により、市場のルールは大きく変わりました。

市場規模のそれほど大きくない新興国市場は、先進国からやってくる投資資金の流れに翻弄されることが少なくありません。それにより新興国バブルとなれば、新興国の株、債券、為替は上がり、バブルがはじければ、すべて下がるという動きかたをすることもあるでしょう。

このように、**新興国の経済発展と投資の収益率はかならずしも連動しない**ことは認識しておきましょう。

そして、もうひとつ、考慮すべきはインフレ率です。

一般的に、**新興国のインフレ率は高いため、不動産や株式の名目価格は値上がりするのがあたり前**ともいえる市場です。

そのため、「マレーシアの不動産を買って5年保有したら30％も上がった」という名目上の値上がり率だけではなく、債券講座④で説明したようにリスクフリー・レートを差し引いた利回りを計算してみましょう。

新興国への投資は原則的に現地通貨建てであるため、株や不動産に投資せずとも銀行に預けておくだけで多くの利子を得られることと比較すべきなのです。

第5部

海外証券口座

これまでに、さまざまな債券や投資商品の例を紹介してきましたが、これらの中には、みなさんがお使いの証券会社では取り扱いをしていないものも含まれていたかもしれません。

もし、ＳＢＩ証券や楽天証券などで取り扱いできない商品や投資法を試してみたいと思ったら、海外証券口座を検討してみましょう。

海外証券会社での取引には、日本の取引ルールに慣れてしまった人には驚きともいえる自由度の高さがあります。

一方、税制面や手続き面での不利もありますので、メリットとデメリットをしっかりおさえて海外証券口座を活用しましょう。

Chapter 8
長期投資に適したレバレッジのかけ方とリスク管理

海外証券口座を開設しよう

世界には多くの証券会社があり、その中には、現地を訪問することなく日本人の口座開設を受けつける海外証券会社も存在します。

どのような取引をするかにより、適した証券会社はことなるかもしれませんが、あえて1つを選ぶなら、米インタラクティブ・ブローカーズ証券（ＩＢ証券）をおすすめします。

同社は日本での知名度は高くありませんが、本家米国ではバロンズ誌の「The Best Online Brokers of 2014」にも選ばれ、米ナスダック市場に上場している大企業です。東京にも拠点をもち、日本でも金融商品取引業者として認可されています。

ＩＢ証券には、日本のネット証券にはない、次のようなメリットがあります。

●マージン口座とよばれる信用取引のアカウントを少額の個人投資家でも開設できる
●1つの口座を開設するだけで世界のほぼすべての証券市場と金融商品へアクセスできる
●日本のネット証券に比べて取引手数料が数分の1以下と安価
●レバレッジを効かせた取引を行う際の借入金利が安価

なお、彼らのターゲットとする顧客層は、個人よりもヘッジファンドや機関投資家のような大口投資家ですので、初心者向けの親切なサポートは期待できません。

超初心者には難しい取引環境かもしれませんが、本書をここまで読み進めることのできた人ならば、とくに違和感なく利用できるのではないかと思います。

ぜひ、ＩＢ証券の自由な取引環境と日本のネット証券を比較してみてください。

日本の個人投資家にあたえられた取引環境は限られたものであり、金融先進国である米国と比べると一世代遅れていることに気づかされると思います。

レバレッジをかけて外国債券へ投資

債券を中心としたインカムゲイン投資は、年率10％に満たない利回りを安定して得るためのものですので、株やＦＸに慣れた人から見ると低利回りでつまらないリターンに思えるかもしれません。

しかし、債券を高リターンの投資にするため、ＩＢ証券のマージン口座を利用してレバレッジをかけるという方法もあります。

レバレッジと担保評価の基本をおさえよう

レバレッジとはご存じのとおり投資金よりも多くの証券を購入することですが、その本質は、証券会社からお金を借りて投資をすることです。

これにはリスクもともないます。レバレッジの意味合いを正しく把握するために、いくつかの基本ルールを理解しましょう。

▼証券会社からお金を借りるには必ず手持ちの証券や現金を担保に入れなければならず、無担保で個人顧客にお金を貸すことはあり得ません。

▼担保として差し出した株や債券などの金融商品は、証券会社独自の担保評価額が設定されており、その評価額は金融情勢に応じて変更されることもあります。たとえば、サブプライム

危機や欧州債務危機のように、急激に信用不安が高まった場合、担保価値は突然ゼロになることもあり得ます。

そのため、市場で売れれば、それなりの金額で売れる証券であっても、証券会社が担保評価を低く設定すれば、担保割れとなりロスカットされてしまうこともあります。

▼格付けの低い債券、流動性の低い私募ファンド、ボラティリティの高いデリバティブ商品の担保評価は低くなるのが一般的です。
一方、時価総額の大きなETFのように、投資対象が分散されている、ボラティリティが低い、流動性が高い商品は高い担保評価となります。

▼お金を借りるに際しては当然に金利を支払う必要があります。
証券会社によっては、信用取引の売買手数料を安く設定して、レバレッジをかけた投資を推奨し、売買手数料よりも貸出金利をおもな収益源としていることもあります。

これは、証券会社が資金調達する金利よりも、顧客に貸し出す金利が高いため、その差額を利益とする銀行と同じビジネスをすることを新たな収益源として模索している業者もあるためです。

このようなルールを念頭に置きつつ、レバレッジをかけるべきか否かを判断する必要があります。

老後の資金をつくるためなど長期運用を目的としているならばレバレッジは低く、デイトレードのような短期の利ざやを稼ぎたい場合は、金利負担も少なくて済むので高いレバレッジを活用するというのが一般的な考え方でしょう。

レバレッジをかけて債券ETFへ投資

ところで、日本のネット証券で外国株への投資を経験したことのある人は、外国株の信用取引はできないことに気づいたでしょう。

もちろん、ＩＢ証券ほか、海外の証券会社のマージン口座ではレバレッジを効かせての外国株取引が可能です。

ＩＢ証券で採用されているレバレッジ規制ルールは非常に複雑ですが、ひとまずのところは「純資産の2倍までのポジションを建てることができる」と理解して取引をしてみましょう。

日本株の信用取引よりもレバレッジは効きませんが、債券ＥＴＦなどは、もともとハイレバレッジで投資するものではありませんので、１・３〜１・５倍などロスカットされない倍率で多少の超過利得をねらう程度がいいかもしれません。

さて、数ある海外証券会社の中からオフショアでもないＩＢ証券をおすすめする理由のひとつは、IB証券は、**ほかの外国証券会社と比べてレバレッジのために借り入れる資金の調達金利が非常に安い**ことです。

たとえば、10万米ドル（約1000万円）以上を借りた場合、借入金利はわずか1・09％とプライベートバンクの富裕層向け証券担保ローンよりも安価です。

この金利水準であれば、たとえば、分配金利回り6・5％のETFをレバレッジ1・5倍で購入して、自己資金比で見た分配金利回りを9・2％（分配金利回り6・5％×1・5倍－借入金利1・09％×0・5）まで高めることもできます。

海外の債券ETFの中には、ETF自体が借入を起こして内部的にレバレッジをかけ、この水準の分配金を出していることもあります。

このようなレバレッジのかけられたETFには、通常の株やレバレッジのないETFよりも低い掛け目が設定されており、再度のレバレッジは効きません。

なお、IB証券には、TD Ameritrade, tradeMonster, TradeStationなどの競合会社がありますが、IB証券以外は、レバレッジのための借入金利が6～7％など非常に高いため、ここで紹介したような低利回りの債券ETFにレバレッジをかけて長期保有するには向きません。

※注釈　IB証券の金利計算法は、米国はFFレート、日本は無担保コール翌日物などオーバーナイト金利を基準として、それにIB証券の利益となるスプレッドを乗せた金利を顧客に提示します。そのため、支払い金利は基準金利に合わせて毎日変動します。1・09％は基準金利0・09％＋IB証券の手数料1％に分解され、借入金額により手数料率は変

わります。いずれも2014年6月13日現在のレート。

ひとつの口座ですべての取引ができる

マージン取引は、日本の証券会社で信用取引を試したことのある人ならば内容を理解しやすいと思います。

これにくわえて、IB証券にはもうひとつ大きな特徴があります。ひとつの口座をつくるだけですべての投資商品を取引できることです。

日本のネット証券では、口座開設のあと、日本株、信用取引、外国株、FXなど、アセットクラスごとに多くのサブアカウントをつくり、資金の管理も口座ごとに別であるのが一般的です。

そのため、FXの証拠金として用意した資金を外国株の購入資金に使うなど、ことなるアセットクラスの資金を共有することはできず、サブアカウント間での入出金や両替コストが発生します。

一方、IB証券のマージン口座では、顧客の資産は、ひとつの口座で一元管理されます。

そのため、たとえば、口座全体で見て損が出ていなければ、通貨やアセットクラスをまたいだ複数のポジションを相殺して純資産を計算することができます。

日本の証券会社であれば「申し訳ありませんが、株の信用取引とＦＸ口座は管理がまったく別のため、相殺できずロスカットされてしまいました」となるのが常識ですが、じつはこの常識は、海外の証券会社においては非常識なのです。

本来、通貨やアセットクラスがことなるものであっても、いつでも換金できる商品は時価評価して現金と同等とみなすのが金融市場の考え方です。

すべての預かり資産、評価損益を一元的に時価評価して、顧客の純資産をリアルタイムで計算し、その純資産の範囲内であれば、どのような取引をしてもいいのがＩＢ証券の提供する統合型口座の便利な点です。

為替リスクなしで外貨建て資産に投資する方法

米ドル建て債券ＥＴＦ投資の際に問題になるのは、為替の変動です。

債券は、それほどボラティリティの大きな投資対象ではありませんので債券ＥＴＦの価格は大きく動かず、おそらく為替変動のほうが投資リターンに大きな影響をあたえてしまいます。

それにより、債券からの利回りは得られたものの、為替変動により損を被るということも少なくありません。

機関投資家であれば、為替ヘッジをして純粋に債券の金利変動リスクや信用リスクだけを取りにいく投資ができますが、個人でそれを行うのは簡単なことではありません。

ここでＩＢ証券の統合型マージン口座が役に立ちます。これを使えば、個人でも簡単に為替ヘッジありの債券ＥＴＦ投資をすることができてしまいます。

これには、まず、マージン口座を開設して投資資金を日本円で入金します。

通常であれば、この日本円を米ドルに両替して米ドル建て債券ＥＴＦを購入するのですが、それでは為替リスクが発生してしまいます。

ここで、日本円を担保に米ドルを借り入れ、それを使って米ドル建て債券ＥＴＦを買ってみてください。

米ドル円の為替が変動しても損益に影響は出ません。

通常、円高になった場合、米ドル建て資産の価値は下がり損失が出ますが、このように借入も米ドル建てで行っている場合、円高で資産の価値も下がりますが、借入金も目減りするため、相殺して為替変動の影響を受けないことになります。

もちろん、逆も同じことですので、円安になっても、その恩恵はありません。

ただし、分配金とＥＴＦを売却した際の損益を日本円に両替する場合は、為替の影響を受けます。

図20　為替リスクなしで外貨建て資産に投資する方法

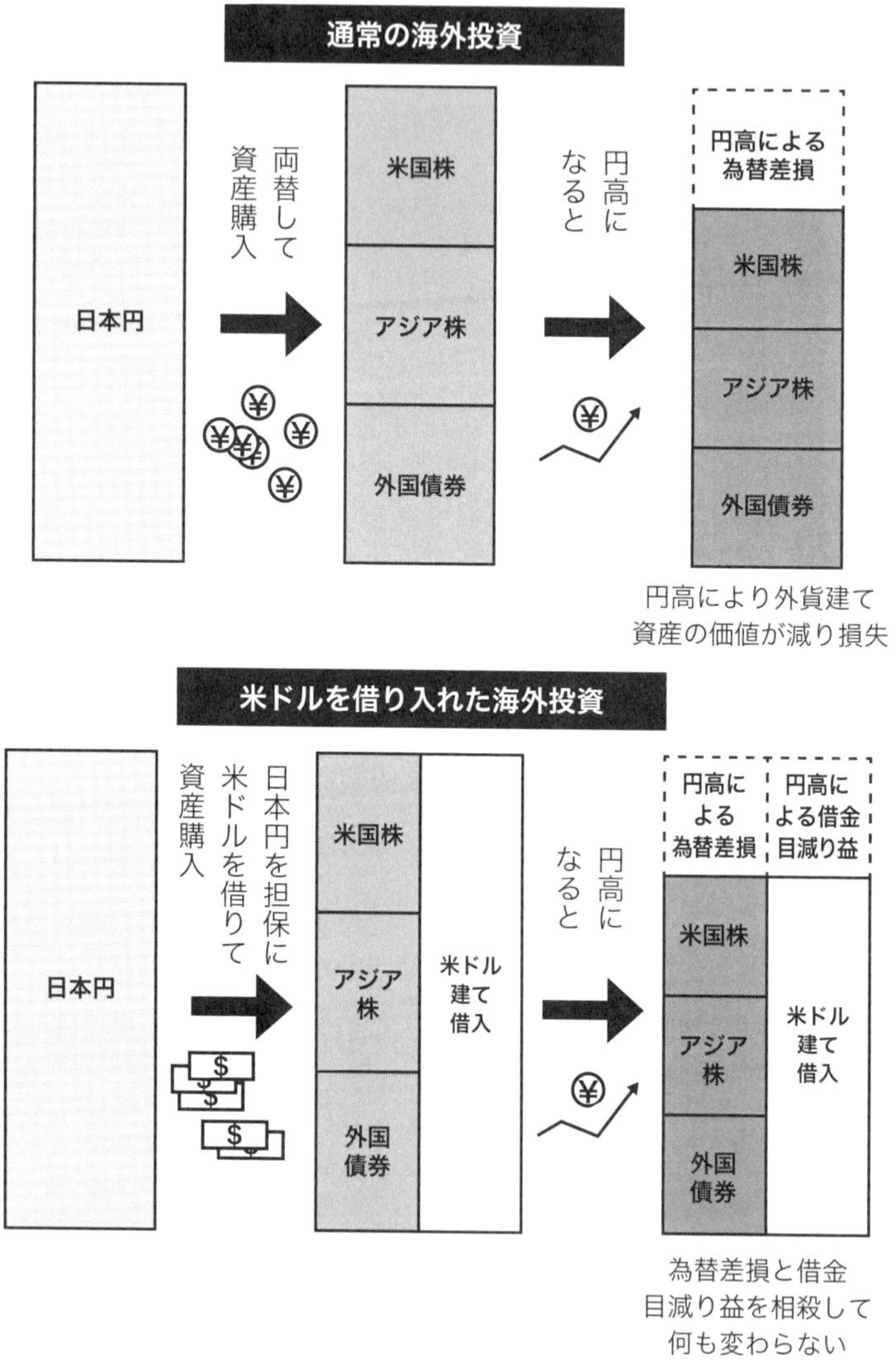

しかし、元本に為替の影響は受けませんので、あくまで分配金と売買損益だけが為替リスクにさらされることになります。

極端に円安が進むと担保に入れている日本円は、米ドルの借入金の額に不足するため一部がロスカットされることとなりますが、その場合でも、為替差損は発生せず、元本が減るわけではありません。

単に建玉を継続できなくなるだけですので、数量を減らして、もう一度、同じポジションを立て直すことも可能です。

なお、米ドルをＩＢ証券から借りるわけですから、それに対しては規定の金利（10万米ドル以上1・09％など）を支払う必要があります。

それと同時にＩＢ証券に日本円を差し入れるため、これに対する金利は受け取りたいところですが、日本円に対する金利は僅少のため受け取り金利はゼロと規定されています。

多少、話が複雑ですので、慣れるまではＩＢ証券の提供する練習用口座を開設してロスカットのルール、為替ヘッジした場合の動きを研究するのもいいでしょう。

外国証券会社のデメリットと税金の扱い

外国証券会社には、日本のネット証券にはない多くのメリットがあることを紹介してきましたが、その一方、個人投資家向けの税制優遇措置が利用できないなどデメリットもあります。日本のネット証券から海外投資を行うべきか、海外証券会社に口座を開設して本格的に取り組むべきかを判断するためには次のような要素を考えてみましょう。

- **日本の証券会社と損益通算できず、損失の翌年繰り越しもできない**
- 特定口座を開設できないため自分で確定申告することが必要
- 少額投資非課税制度ＮＩＳＡが使えない
- 米国証券会社を利用する場合、分配金などのインカムゲインに対して米国で10％の外国源泉税を徴収される。通常は、日本の税務署で還付してもらえるが、日本での税金支払いがない場合は年間トータル赤字でも返してもらえない
- 入出金の不着などトラブル対応には英語での問い合わせが必要なことも
- **相続の事務手続きが日本とはことなるため、相続人は証券や英語の知識が必要となる**
- オフショア国の証券口座は日本の税務当局との関係により、突然、閉鎖されることがある

本年度の税制改正により、税率だけを見れば、国内、海外証券会社ともに同率20・315％となり、海外証券会社の不利はなくなりましたが、ここであげたようにまったく同じ条件になったわけではありません。

大きな金額を外国証券会社で運用する場合、税金や相続面も考えて運用することを考えたいところです。

値動きを正しく把握して99％安全な投資を考える

レバレッジをかけての長期投資をお考えであれば、リスク管理の方法として、過去の値動きから将来のボラティリティを予測する方法を知っておきましょう。

これは、「過去1年を見たところ、1日に10円くらいしか価格変動しなかった銘柄が、明日から急に50円の上げ下げを繰り返すことはないだろう。来年も同じような振れ幅に収まるはずだ」という前提により将来の値動き幅を予測するものです。

そして、この振れ幅を見ることにより、「仮に株価が期待に反する動きをしたとしても、次の1年で半値になったりはしないだろう。下がってもせいぜいマイナス10％程度で済むはずだ」

というようにリスクを予想することができます。

これを理解するためには、標準偏差や正規分布など統計の知識が必要となりますが、数学の苦手な人にも、それほど難しいものではありません。

この考え方は、金融、IT分野から健康診断まで、世界のさまざまな場面で、異常値の検出や自動判定（しきい値の設定）に使われている便利な考え方です。知っておいて損はないと思いますので、ぜひ学習してみてください。

それでは、早速、過去の騰落率から将来の価格変動を予測してみます。まずは、過去1年分ほどの日々の値動きを分布図に表してみましょう。

次ページの図21の①のように、福引きを回すと日々の日経平均の騰落率が払い出されることを想像してください。それを（玩具の）ブロックの1ピースだと考え、②のように騰落率の順にならべて積み上げると、正規分布とよばれる図のような形になるはずです。

この分布を見ると、ほとんどの日は平均値に近い値動きをしているため中央の平均値付近に集まりますが、ごくまれに、平均から大きくはずれ、③のようにマイナス4・18％など大きな変動の起きる日があるようです。

逆にいえば、③のように過去1年のうち99％の日（300日中297日）は3％以内の下落率で済んでいますので、もし誰かに、「日経平均が1日に3％を越えて暴落する確率は？」と聞かれたら、過去の統計から見れば1％だと答えればいいでしょう。

図 21　過去の騰落率から将来のボラティリティを予想する

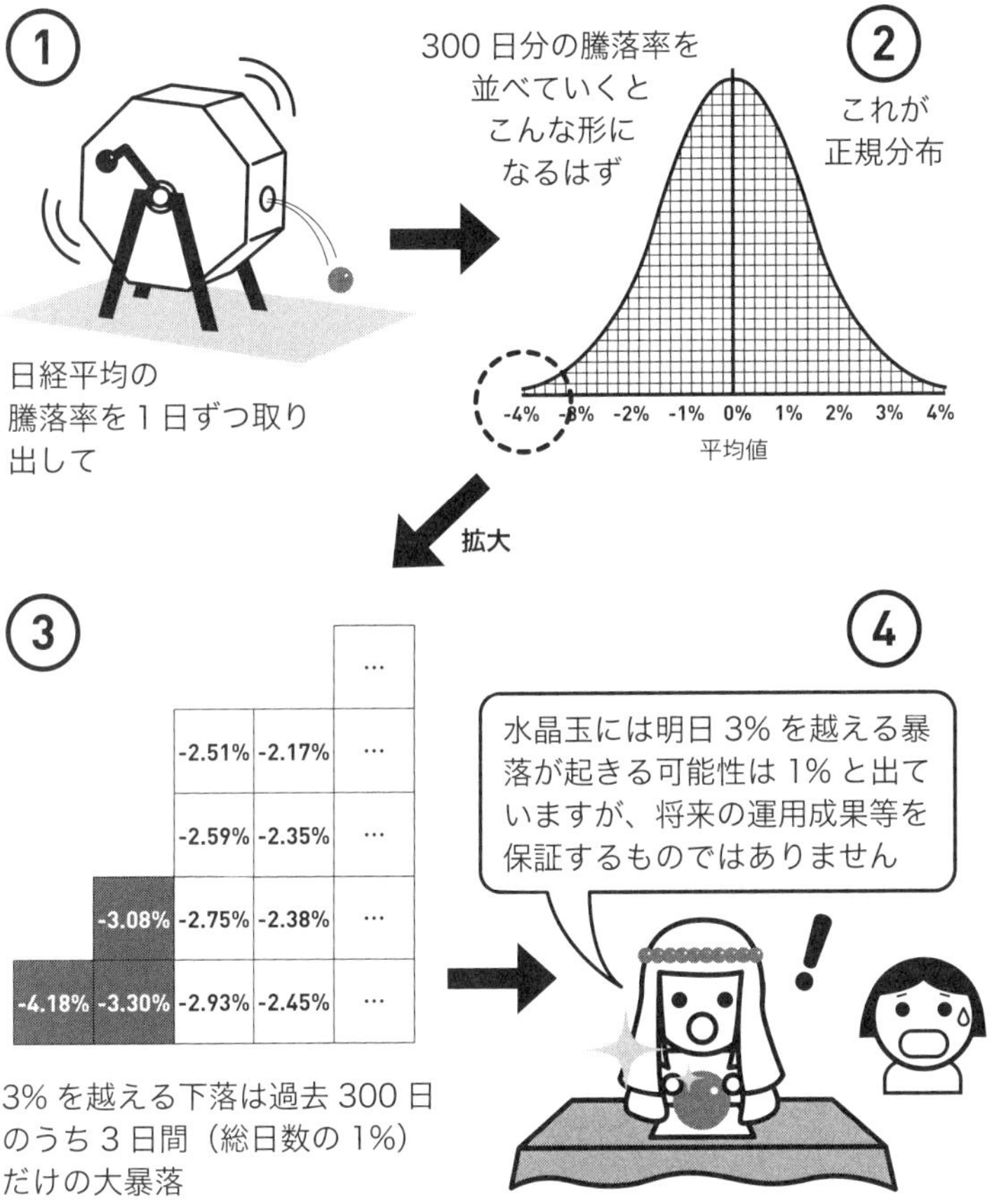

標準偏差とヒストリカル・ボラティリティについて知ろう

さて、もう少し詳しく統計による予測の方法を見てみましょう。

次ページの図22は、騰落率を順にならべたとき、平均から近い68％の日が収まる地点で区切るために2本の線（平均＋ＳＤと平均－ＳＤ）を引いたものです。

この**ＳＤは統計学では標準偏差、金融の世界では日次ボラティリティとよばれています。**

ちなみに、なぜ68％なのかは、あまり深く考えなくても問題ありません。世間でもっとも多く使われている区切り位置だと思ってください。99％など、ほかの値で区切ることもあります。

さて、実際に計算してみると次のような計算結果を得ることができます。

・過去300日の騰落率の平均は0・07％

・標準偏差（ＳＤ）は1・32％

※標準偏差の計算にはExcelのSTDEV.S関数を使います

・平均－ＳＤは0・07－1・32＝－1・25％

・平均＋ＳＤは0・07＋1・32＝1・39％

この結果を正規分布の図にあてはめれば、明日の日経平均の騰落率はこの範囲内（マイナス

図 22　正規分布と実際の日経平均の分布

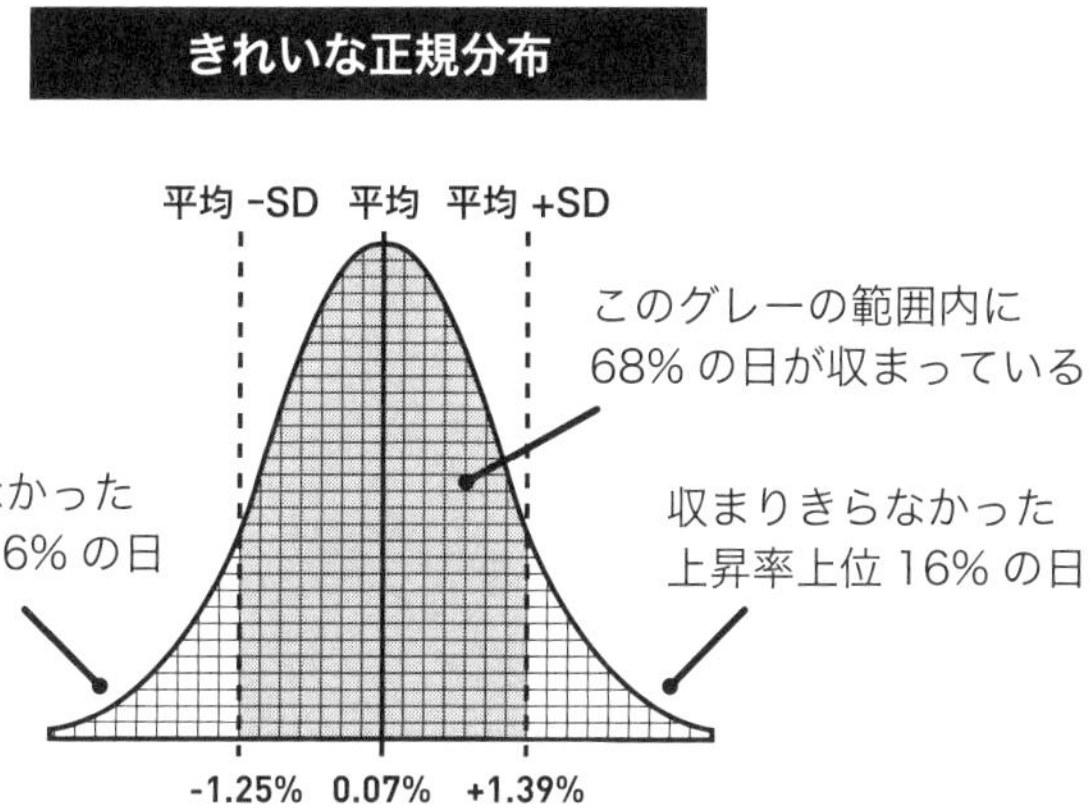
収まりきらなかった
下落率上位 16% の日

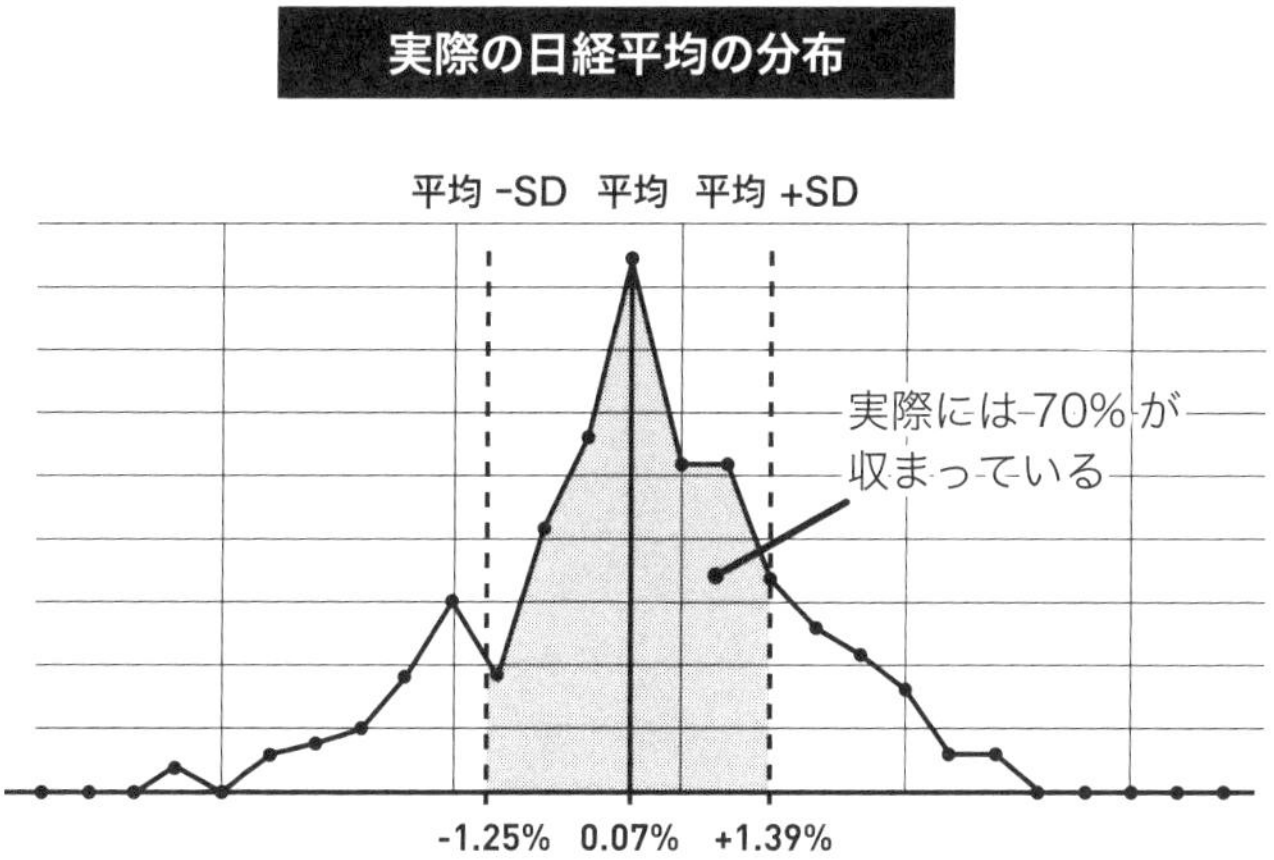

1・25％からプラス1・39％のあいだ）に68％の確率で収まると予想することができます。

もちろん、過去の流れからチャートだけを見て予想しているに過ぎませんので「明日はアップルの決算で大きく動くだろう」というような現場の事情は何も考慮していません。

そして、このような**日次ボラティリティに15・81をかけ算して年次換算したものをヒストリカル・ボラティリティと呼んでいます。**

これにしたがえば、過去300日のデータから計算した日経平均のヒストリカル・ボラティリティは1・32％×15・81＝20・8％となります。

※注釈　15・81のかけ算は$\sqrt{250}$の意味です。1年は250営業日から計算しています。

投資の現場で統計による予測を使うには

このような考え方により、**将来のボラティリティを予想して、99％起こりえない大きな価格下落が発生した際にどれほどの損失が出るかを推測する手法はバリュー・アット・リスク（VaR）**ともいわれています。

これを応用して、実際にリスク管理に用いている大口投資家もおり、保有資産のVaRを計算して最悪の事態が発生した際の財務状況をシミュレーションするなどしています。

また、**99％を越える異常な価格下落が発生した際には、自動発注により機械的にポジションを閉じるような管理をすることもあります。**

株やFXのアルゴリズム・トレードに挑戦したい人は、このような統計知識が前提となることもありますので、ぜひ理解を深めましょう。

なお、すでにFXの経験がある人ならばご存じのボリンジャーバンドは、この考えかたでチャート上の標準偏差にあたる部分に補助線を引いたものです。

正規分布と実際の分布

ところで、なぜ、このように統計を計算することにより将来の確率をいい切ることができるのでしょうか。

詳しくは統計の専門書にゆずりますが、この秘密は正規分布といわれる分布図の形にあります。

どんな事象も数多くサンプルを積み重ねていけば（福引きをひき続けてブロックを積み上げてならべれば）正規分布のような形になるという自然法則があるため、株価の騰落分布を含め、すべての事象は、正規分布のような形になるであろうという仮定により予測は成り立っています。

分布の形が決まっていれば「この図の面積を何%専有するには、どこで線を区切ればいいか」ということもおのずと決まりますので、68%の面積を専有する地点を探して線を引くこともできるるというこというわけです。

ところで、そもそもの話、実際の相場も正規分布の図形と同じように分布するのでしょうか。「そんなにきれいな左右対称の分布になるのであれば、サブプライム危機のように１００年に一度の大暴落に対応した、１００年に一度の大暴騰も起きないのか」

このように期待せずにはいられませんが、実際には、相場は正規分布の形を見ながら動いているわけではありませんので、そのような埋め合わせが起こるはずはありません。

つまり、実際の値動きはかならずしも正規分布といわれる左右対称のきれいな分布にはならないため、平均＋－標準偏差のあいだに68％が収まる保証もありません。

２４３ページの図22にある、実際の日経平均の分布を見てみましょう。

正規分布に近い形にはなっていますが、それとはことなる複雑な図形になっており、また、この形は日々の騰落率を積み上げていくことにより常に変形します。

このような、**不規則な分布の事象にたいして、正規分布を前提とした予測モデルを無理やりあてはめれば、予想精度は大きく下がる**ことになります。

また、**過去何年分のデータをもとにボラティリティを計算するかにより、予想結果は変わってくる**こと、さらに、99％発生しないはずの大暴落が起きた場合、過去の統計値から予想できる範囲を振り切れてしまいますので、どこまで下に飛び出るかはわからず、どれだけの損が出るかを予測することはできないことは統計による値動き予測の限界であるともいえます。

※注釈　通常、ヒストリカル・ボラティリティは過去１～２年程度のデータを集計したものを用います。

※注釈　騰落率の分布がきれいな正規分布にならない場合、テールリスクとよばれる万が一の事態は、正規分布を前提に計算した確率よりも多く発生することがあります。このようにテールリスクが厚みを増すことをファットテールとよんでいます。

終章

長期の国際分散投資は本当に正しい投資法か

国際分散投資と現代ポートフォリオ理論

分散投資については、古くから、「卵をひとつのかごに入れるな」「財産三分法」など、国内外にさまざまな格言があります。

これらの格言は、ひとつの投資対象だけに集中投資をすると、投資先の不祥事、倒産、詐欺など、一瞬にして投資元本が全損するようなイベントが発生したときに耐えられないことから、資産の分散を推奨しているといえるでしょう。

もちろん、これらのリスクを避けるためにも分散は重要ですが、近年の国際分散投資の考えかたは、それだけにとどまらず、値動き（ボラティリティ）の安定した長期成長を実現することを目標としています。

その内容をひとことで説明すれば、「株、債券、商品など**複数のアセットクラスに分散投資をすれば、それぞれの投資先に期待されるリターンはそのままで、単一銘柄を保有するよりもリスクを減らすことができる**」というもので、現代ポートフォリオ理論（MPT=Modern Portfolio Theory）というノーベル経済学賞を受賞した理論をもとにした考え方です。

ＭＰＴの原理を応用した国際分散投資法は、有利な投資法は存在しないといわれる金融市場の中で、唯一のフリー・ランチ（明らかに有利な方法）として、その発見から今日に至るまで、多くの人たちに支持され、広く普及しています。

期待リターンとリスクから最適解を導く理論

さて、国際分散投資の根拠となっているＭＰＴでは「期待リターンはそのままでリスクだけを減らす」という、相反する2つの条件を成り立たせていますが、これは、どのような意味合いでしょうか。

通常、リスクは、過去の値動きのボラティリティ（日々の騰落率の標準偏差）から将来の値動きを予測します。

昨日までのボラティリティと明日からのそれは、そう大きく変わらないという前提があるためです。

では、期待リターンはどのように決めたらいいでしょう。ヤフー・ファイナンスなどを見ても、その銘柄の期待リターンが書かれているわけではありません。

では、リスクの計算と同じように過去の値上がり率から来年の期待リターンを予想すべきでしょうか。それは、直感的にもおかしいと思えるはずです。過去に値上がりを続けていた銘柄を買えば、来年も同じように上がるわけではないためです。

このように、**期待リターンは机上の計算では算出できないため、年金運用者のようなプロ投資家も、過去の値動きや経済成長率などを総合的に見ながら人間が予想しています。**

各アセットクラスのリスクと期待リターンが決まったら、あとはそれが最適な組み合わせになるようにパズルを解いていけばいいというわけです。

（この最適な組み合わせのことを有効フロンティアといいます。）

このように、現代ポートフォリオ理論は、自分の予想する期待リターンを実現するに際して、リスクを最小限にしてくれる投資対象の選びかたを教えてくれる理論だといえるでしょう。

国際分散投資への誤解

ＭＰＴの理論自体は何も間違ったものではありません。

しかし、プロも含めて多くの人から「長期的に安定リターンを得るには国際分散投資がもっとも効率的だ。ノーベル賞をとった理論をもとにしており間違いはない」というように、内容がすり替わって理解されているように思えます。

ここまでの説明のとおり、ＭＰＴで用いる期待リターンは、かなり恣意的に決められたものです。

また、**リスクとして使われている過去のボラティリティも、２４６ページで説明したように、過去何年分のデータをもとに推計するかにより結果は大きく変わってくるため、確固たるリスクを断定することはできません。**

そのため、同じ国際分散投資でも、人々の相場観により期待リターンとリスクは変わってしまいます。

そして、その相場観や前提条件が間違ったまま、有効フロンティアを計算することは、間違ったゴールをカーナビに入れて最短距離を突き進むのと同じことになってしまいます。

このように、**ＭＰＴの考えかたをもとにつくられた国際分散投資のポートフォリオは、机上**

の計算では高いパフォーマンスを実現しますが、実際の運用でもちいた場合、各個人の相場観により前提条件が変わってしまうため恣意的にならざるを得ません。それが理由で、国際分散投資のポートフォリオに正解はないともいえます。

POINT 分散投資の有効性

国際分散投資のポートフォリオに正解はありませんが、分散投資の有用性は変わりません。多くの銘柄をもっていると、それぞれの銘柄の値動きが打ち消し合ってポートフォリオ全体のボラティリティは下がり、30銘柄程度までは保有銘柄を増やせば増やすほどボラティリティが下がっていくことが知られています。

しかし、値動きが似通った銘柄、たとえば日経225とTOPIX、豪ドルとニュージーランドドルのような組み合わせで分散すると、同じ銘柄をたくさん買っているのとあまり変わらず、分散によるポートフォリオ全体の値動きの安定（ボラティリティ低下）という効果はねらえませんので注意しましょう。

市場構造の変化に対応した長期投資を

なお、長期投資も安定投資の代名詞となっていますが、今後の30年も過去と同じように機能することは保証されていません。

世界経済全体への長期投資が利益を生み出す根拠となっているのは、世界銀行がデータを取りはじめた１９５０年以来、世界全体のＧＤＰは一度もマイナスになったことがないという統計データでしょう。

世界経済の成長に合わせ、１９９７年ごろまでは、きれいに世界経済の成長に合わせて株価も上昇を続けてきました

そのため、世界全体への長期投資は、どのタイミングで投資を開始しても、リタイヤする際には、ほとんどの人が十分な利益を得ることができました。

しかし、１９９８年以降は、ＩＴバブルとその崩壊、米国住宅バブル、サブプライム危機というように、市場のテーマとなるイベントにより株価は大きく翻弄されるようになりました。

これは、**ＩＴ技術とファンドスキームの普及により、投資資金のみならず莫大な投機資金がリアルタイムで世界中の市場を駆け巡り、実需とはかけ離れた価格形成がされることが増えた**こと、また、それを抑制するために政治による市場介入が多くなったことが影響していると考

図23　MSCIワールド・インデックス

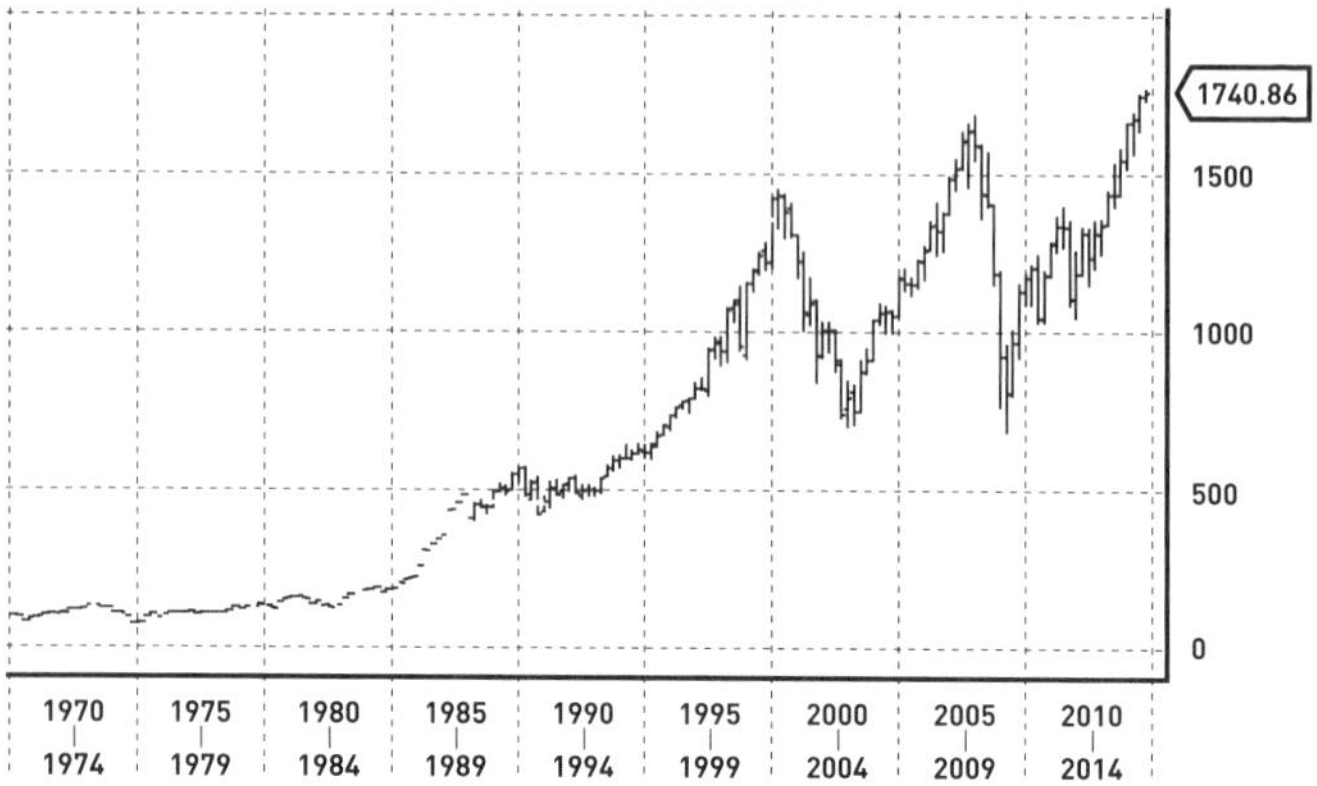

えられます。

このような背景が手伝い、近年では、世界の経済成長という実体経済の動きと株価はかならずしも連動せず、政治や投資家の思惑が相場を大きく動かすようになりました。

実態経済と株価が連動して右肩上がりに成長を続けた牧歌的な時代とは、市場の構造やお金の流れは大きく変わったといえるでしょう。

このような時代に、長期の国際分散投資という60年も前に考え出された投資法は、市場構造の変化に対応できるものなのでしょうか。

国際分散投資をすすめる投資信託のパンフレットに小さく書かれている「将来の成果を保証するものではありません」という注意書きは間違っていないのかもしれません。

インカムゲイン投資で長期安定の高利回り投資を実現しよう

むしろ、先行きを読みにくい株を中心とした長期の国際分散投資よりも、本書で紹介したようなマクロ経済環境を判断しながら行うインカムゲイン投資のほうが、「大切な資金を減らすことなく複利で長期運用し、老後の資金をつくる」という個人投資家の要望に合致しているのではないかと思います。

ハイイールド債のように金利上昇の影響を受けにくい債券、また、ＲＥＩＴや現物不動産のようにインカムを得ながらインフレ局面では資産価値の上昇を見込むことのできる資産をバランスよく保有することを考えてみましょう。

このようなポートフォリオでは、仮に市場全体が暴落した場合でも、安定した分配金収入を頼りに気長に回復を待つ余裕があり、景気の高揚時にはインフレに負けることなくキャピタルゲインを得ることもできます。

これらの投資には、株やＦＸのような華やかさはありません。しかし、堅実に将来の資産を形成したい投資家には「安定・高利回りのインカムゲイン投資」を選択肢のひとつとしておすすめしたいと思います。

あとがき

本書の制作に際してテーマとしたことは、市場を見る目を養い、また、金融商品を理解するための土台づくりをすることでした。

「秒速で儲かる方法」という結論だけを希望する人も少なくありませんが、知識豊富でも成功するのは難しい投資の世界において、基礎知識なくして長期投資を戦い抜くのは簡単ではないと考え、基本をお伝えすることを大切にしました。

さて、近年では、初心者向けの導入に相当するコンテンツや用語集は、投資を含めほとんどの分野においてウェブ上で無料で見ることができます。

そのような中で、本書を含め実用書の担う役割は、多くの書籍で何度も繰り返し説明されていることにたいして、いままでとは違った、もっと売れそうな切り口で「車輪の再発明」をすることではなく、たとえひとつでも、読者の知らなかった新しい知識を提供することであろうと考えています。

本書でも、それを意識して、既存の初心者向け書籍にはない一歩踏み込んだ内容、そして、どちらかといえば、初心者投資家としての知識ではなく、プロと肩をならべるために必要な知識を分かりやすく伝えることに多くの時間を費やしました。

おそらく、本書を十分に理解することができれば、インカムゲインを主体とする長期投資で食べていくのには必要十分な知識レベルに到達できていると思います。

ところで、多くの個人投資家と話していて思うことは、金融理論に対する理解がないために、見せかけの高利回りや「いい投資話」に魅了されてしまう人が少なくないことです。

このような個人投資家の勘違いが、巡り巡ってプロ投資家や証券会社の利益になっていることは非常に残念なことであり、さらには、証券会社のように、プロといわれる人たちも、初心者と同じところで間違っていたりするのは、金融後進国と揶揄《やゆ》される理由でもあります。

もし、すべての人に高い金融リテラシが備われば、日本経済は大きな変容をとげることになるでしょう。

たとえば、手数料の高い投資信託を主力商品とする大手証券会社は、そのビジネスモデルの見直しをせまられ、より効率的で低手数料の取引環境を個人に提供せざるを得ません。

実際、現在、大手ネット証券各社で取り扱いをしている投資信託を2006年ごろと比べれば、格段に消費者にメリットのある商品ラインナップになってきていると思います。

これは、この数年のあいだに消費者がレベルアップして、旧来型の高い手数料の商品を見抜き、いままでとは同じ証券会社の儲けのパターンにははまらなくなったため、ネット証券各社は自然とその変化に対応して、サービス内容を変えなければならなくなった結果ではないでしょうか。

また、高度な投資スキームを駆使する投資家が増えれば、それに応じて法律や税制も整備されるに違いありません。金融機関の融資のしかたも変わるでしょう。

このように、個人投資家の金融リテラシは、証券会社や銀行、そして、社会システムまでもを変える大きな力をもっています。

個人投資家に日本経済の未来を明るく変えていく可能性があることには、大きく期待したいと思います。

末筆になりましたが、読者のみなさまが金融市場を学ぶ際に本書が少しでもお役に立てば幸いです。

玉川 陽介（たまがわ　ようすけ）

1978年神奈川県生まれ。学習院大学卒業。コアプラス・アンド・アーキテクチャーズ株式会社代表取締役。大学在学中に統計データ処理受託の会社を設立。同社を毎年増収増益で成長させ、2006年に売却。その資金で本格的に投資を始める。その後、国内外で不動産投資と証券投資を幅広く行う。自らの投資収益を主たる収入源としながら、『週刊ダイヤモンド』など経済誌への記事執筆も行っている。
『不動産投資1年目の教科書』（東洋経済新報社）をはじめ、『勝者1%の超富裕層に学ぶ「海外投資」7つの方法』（ぱる出版）など、すべての著書が増刷を重ねるなど、その視点、分析に定評がある個人投資家。

プロも驚《おどろ》きの安定《あんてい》・高利回《こうりまわ》り！

海外《かいがい》ETF《イーティーエフ》とREIT《リート》で始《はじ》める インカムゲイン投資《とうし》の教科書《きょうかしょ》

2014年 10月 1日　初版発行
2014年 12月 10日　第3刷発行

著　者　玉川陽介 ©Y.Tamagawa 2014
発行者　吉田啓二

発行所　株式会社日本実業出版社　東京都文京区本郷3-2-12 〒113-0033
大阪市北区西天満6-8-1 〒530-0047
編集部 ☎03-3814-5651
営業部 ☎03-3814-5161
振　替　00170-1-25349
http://www.njg.co.jp/

印刷／理想社　製本／若林製本

この本の内容についてのお問合せは、書面かFAX（03-3818-2723）にてお願い致します。
落丁・乱丁本は、送料小社負担にて、お取り替え致します。

ISBN 978-4-534-05217-9 Printed in JAPAN